JN111695

図解ポケット

Shuwasystem
A book to explain
with figure
: Library

個人事業主/フリーランスのための

インボイス制度の基本がよくわかる本

消費税の
基礎から
解説!

OZAWA Takahiro
小澤 隆博 著

秀和システム

はじめに

　本書は、2023年10月1日から始まる「インボイス制度」について、理解ができていない方や準備が不安な方に向けて、簡単に理解ができるように書いた図解書です。インボイス制度は、消費税を正しく計算するための新しい制度であり、ほぼすべてのモノやサービスが対象となっています。消費税は、仕入・販売などの取引の段階で税が二重三重にかからない仕組みになっています。まずはしっかり制度について理解して、ポイントを整理して押さえれば、どのような対応が必要かどうかが明確になります。

　インボイス制度を採用する場合には、インボイス（適格請求書）と言われる請求書などに、従来定められていた様式に加えて「登録番号」「適用税率」「消費税額等」を必須項目として含める必要があります。適格請求書を発行できるのは、税務署長に登録された「適格請求書発行事業者」に限定されます。

　ここで注意が必要なのは、登録がない事業者からの請求書は「仕入税額控除」の対象外となってしまいますので、取引先から外されたり、値引き交渉されたりして、売り上げが減少してしまう可能性もあるということです。

　インボイス制度が必要な理由は、消費税率の複雑化により仕入れ時の正確な消費税の把握が必要になったためです。請求書に税率別の消費税を明示し、適用税率と税額が示された請求書により、効率的な仕入税額控除が可能になります。

　しかし、実際にインボイス制度を導入するには、経理業務の見直しや業務システムの導入などが必要であり、手間やコストがかかります。一部では「断固反対」などといった批判的な意見もあるのも事実です。この原因は、個人事業主などが課税事業者にならなければならない場合があることが挙げられます。課税事業者に

なることで、仕事の減少は避けられても、納税額の増加により、手取り収入が減ってしまう場合があります。このリスクは、小規模事業者だけでなく、一般企業にも大きな損失をもたらす可能性があるのです。これが、インボイス制度が批判されている主な理由です。

　免税業者が課税業者になった場合、請求書の変更や消費税の区分設定、申告・納税作業が増えます。また、適格請求書の発行事業者が公表されるため、個人事業主が本名を知られる可能性があり、活動の制限を余儀なくされる可能性もあります。

　また、インボイス制度には抜け道は存在しません。課税事業者として登録すると、消費税を納めないと民事上の責任を負います。また、適格請求書発行事業者に登録されていない事業者が適格請求書を発行することは刑事罰の対象となるため、注意が必要です。

　インボイス制度によって生じるマイナスの影響を最小限に抑えるためには、発注者と受注者のそれぞれが最善の策を講じる必要があります。

　本書では、特に個人事業主やフリーランスの方に向けて、インボイス制度の基礎知識から、実際の導入手順や注意点、運用方法、メリット・デメリット、対処方法などの必要な要点を詳しく解説します。

　本書を、インボイス制度について深く理解し、効果的に導入するための手引き書として、お役立ていただければ幸いです。

小澤隆博
（お ざわたかひろ）

図解ポケット 個人事業主／フリーランスのための インボイス制度の基本がよくわかる本

CONTENTS

CHAPTER 3　消費税の仕組みを知ろう

CHAPTER 4　新ルールで何が変わる？

5 インボイス制度導入までに必要な準備

6 インボイス制度導入後の流れ

●**注意**

(1) 本書は著者が独自に調査した結果を出版したものです。

(2) 本書は内容について万全を期して作成いたしましたが、万一、ご不審な点や誤り、記載漏れなどお気付きの点がありましたら、出版元まで書面にてご連絡ください。

(3) 本書の内容に関して運用した結果の影響については、上記（2）項にかかわらず責任を負いかねます。あらかじめご了承ください。

(4) 本書の全部または一部について、出版元から文書による承諾を得ずに複製することは禁じられています。

(5) 商標
本書に記載されている会社名、商品名などは一般に各社の商標または登録商標です。

MEMO

インボイス制度の
基礎知識

　インボイス制度とは、2023年10月1日からスタートする消費税額に関する「新たな仕入税額控除」の制度です。消費税の課税において、発行される請求書を基に課税する方法で、具体的には取引先から請求書が届いた場合、その請求書に記載された消費税を課税対象とし、税金を計算することになります。インボイス制度の開始前には、請求書のフォーマット変更やシステムの変更などの事前準備が必要です。インボイス制度では、従来の請求書や領収書に「税率ごとの消費税」や「登録番号」などの必要項目を記載した新たな形式にする必要があります。

　ここでは、インボイス制度全般の基礎知識について解説していきます。

1 インボイス制度の概要

インボイス制度を理解し、適切に対応することが、円滑なビジネスを展開するために必要な知識となります。ここでは、インボイス制度の基礎知識を解説していきます。

1 「インボイス制度」とは何か？

インボイス制度（**適格請求書等保存方式**）とは、事業者が納める消費税額の計算に関する新たな制度で「売り手が、買い手に対し正確な適用税率や消費税額等を伝えるための手段」です。一定の事項が記載された要件を満たす、インボイス（適格請求書等）と呼ばれる請求書等のやりとりを通じ、消費税の「仕入税額控除」を受けることができる制度です。

2 「インボイス」とは何か？

インボイス（適格請求書等）は、販売先に対して正確な税率と税額を伝えるために作成された請求書や領収書のことで、従来の請求書等に追加の記載事項が含まれています。**適格請求書**とは、請求書だけではなく、指定された項目が記載されている領収書・納品書・レシートなどの証憑書類（何らかの取引があったことを証明する書類）のことです。

インボイス制度導入後は、消費税を納付する際に、仕入先等が発行するインボイスがないと仕入税額控除が受けられなくなります。

つまり、インボイスとは「一定の事項」を記載した「適格請求書発行事業者」のみが発行できる請求書や領収書、納品書のことです。

FIGURE 1　インボイス制度

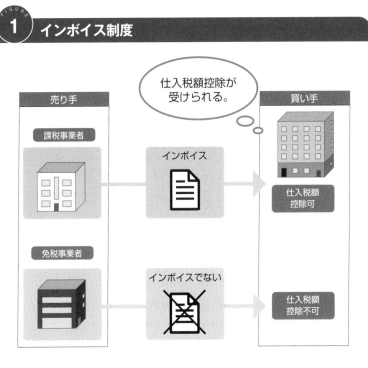

FIGURE 2　インボイスとその他の請求書

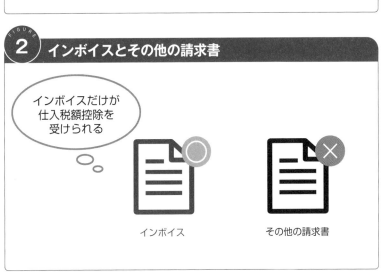

インボイス制度の導入目的

2023年10月1日からインボイス制度が導入され、以降、取引先が要求した場合には適格請求書の発行が必要になります。適格請求書発行事業者以外からの仕入れについては、消費税の控除が受けられなくなるので注意が必要です。

1 インボイス制度の導入目的

インボイス制度の導入目的は、取引における正確な消費税額と消費税率を把握することです。

消費税の軽減税率導入後、仕入税額には8%と10%の混在が生じたため、商品ごとに価格と税率が記載された書類の保存が必要になりました。この書類の保存により、不正やミスを防止することができます。インボイスは、仕入れた商品の税率が正確に記録されているため、不当な利益を出さないようにするために必要な制度です。

2 仕入税額控除とは

消費税課税事業者が支払う消費税の**仕入税額控除**は、売上にかかる消費税から仕入れにかかった消費税を差し引くことで、同じ商品に対して二重に税金を課すことを避けるための制度です。

売上税額と仕入税額の差額によって計算された差額を仕入税額控除と呼びます。実務的には「顧客から受け取った消費税額から仕入れや経費にかかった消費税額を引いた金額」が納税すべき消費税の額となります。仕入税額控除によって、同じ商品に対する重複した消費税の支払いを回避することができます。

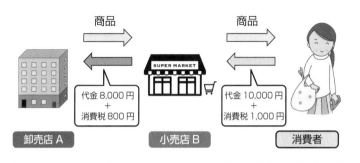

④ インボイス制度が始まると

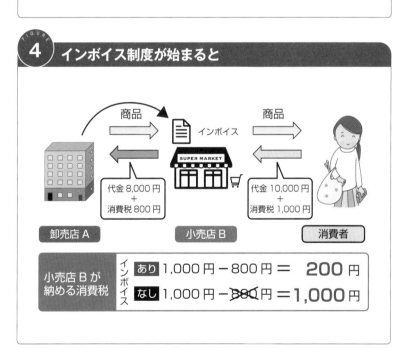

CHAPTER
1
3

仕入税額控除の条件

仕入税額控除が適用されるためには、さまざまな条件が必要になります。ここでは、具体的な対象条件について解説いたします。

1 仕入税額控除の対象条件

仕入税額控除の条件は、課税事業者が適切に消費税を納めるために満たすべき要件です。以下が主な条件になります。

①課税事業者であること

仕入税額控除を受けるためには、まず消費税法上の課税事業者である必要があります。課税事業者とは、消費税を納付する義務がある法人、個人事業主を指します。

②事業に係る仕入れであること

仕入税額控除が適用されるのは、事業に関連する商品やサービスの仕入れにかかる消費税です。私的な消費や非課税事業に関連する仕入れには適用されません。

③請求書等に記載された消費税額の確認

仕入税額控除を受けるためには、仕入先から受け取った請求書等に記載された消費税額を確認し、正確な税額を把握する必要があります。

④適切な帳簿等の整備

課税事業者は、消費税の計算に必要な帳簿等を適切に整備し、税務署が求める書類を提出できるようにしておく必要があります。

⑤納税期限の遵守

仕入税額控除を受けるためには、消費税の納税期限を守ることが

求められます。期限を過ぎた場合、遅延税や加算税が課されることがあります。例外的に、一部の課税事業者は簡易課税制度を適用することができます。

5 仕入税額控除の対象条件

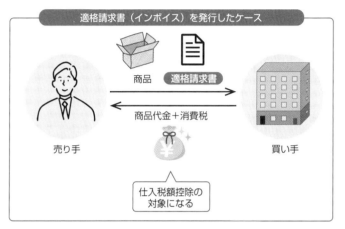

適格請求書（インボイス）を発行したケース

商品　適格請求書

商品代金＋消費税

売り手　　　　　　　　　　　　買い手

仕入税額控除の対象になる

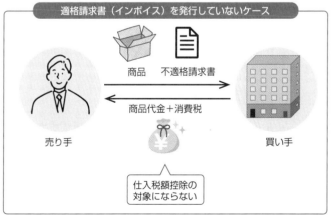

適格請求書（インボイス）を発行していないケース

商品　不適格請求書

商品代金＋消費税

売り手　　　　　　　　　　　　買い手

仕入税額控除の対象にならない

出典：https://advisors-freee.jp/article/category/cat-big-03/cat-small-09/14189/

仕入税額控除の手順

仕入税額控除を実施するために必要な、具体的な手順について解説いたします。

1 仕入税額控除の方法

課税事業者は以下の手順に従って仕入税額控除を実施する必要があります。

①適格請求書の確保

課税事業者は、取引先から適格請求書を受領することが必要です。これは、消費税が正確に計算され、法令に適合した形式で記載されていることを確認するためです。インボイス制度導入後は、適格請求書発行事業者からのインボイスが必要となります。

②仕入税額の計算

課税事業者は、適格請求書に記載された消費税額をもとに、仕入税額を計算します。消費税額は、商品やサービスの価格に応じて算出され、請求書に記載されています。

③仕入税額控除の適用

課税事業者は、計算された仕入税額を売上税額から控除します。これにより、実際に納付すべき消費税額が算出されます。

④消費税の申告期限

課税事業者は、仕入税額控除を適用した上で、消費税の申告と納付を行います。

消費税の申告期限は、法人の場合は事業年度終了の翌日から2か月以内、個人事業主の場合は翌年の3月31日までです。申告書類

は納税地を所轄する税務署に提出する必要があります。個人事業主は所得税の確定申告期限とは異なるので、注意が必要です。

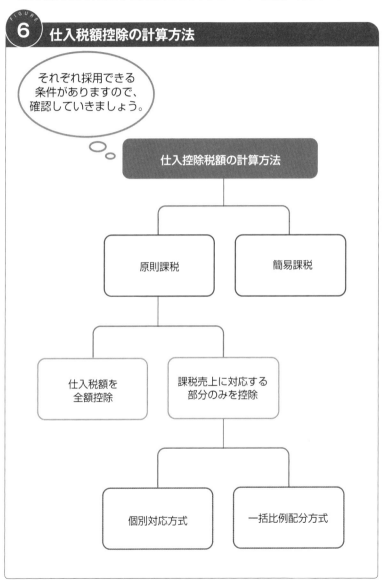

FIGURE 6　仕入税額控除の計算方法

それぞれ採用できる条件がありますので、確認していきましょう。

仕入控除税額の計算方法

原則課税

簡易課税

仕入税額を全額控除

課税売上に対応する部分のみを控除

個別対応方式

一括比例配分方式

仕入税額控除5つの注意点

仕入税額控除を適用させる際に、注意すべきポイントについて解説いたします。

1 仕入税額控除の注意点

①適格請求書の取り扱い

インボイス制度導入後は、適格請求書発行事業者からの請求書が必要です。取引先が適格請求書発行事業者であるか確認し、適格請求書を正確に受領・保管することが重要です。

②控除対象外の取引

一部の取引は仕入税額控除の対象外となります。例えば、免税取引や非課税事業者からの取引などです。これらの取引については、適切な消費税の取り扱いを確認する必要があります。

③取引内容の変更

取引内容が変更された場合、適格請求書の内容も変更が必要となることがあります。適格請求書に誤りがある場合、仕入税額控除が認められないことがあるため、変更が発生した際は速やかに対応する必要があります。

④取引先の信用状況

取引先の信用状況が悪化した場合、適格請求書の発行が遅れることがあります。その場合、仕入税額控除が認められないリスクがあります。取引先の信用状況を適宜確認し、適切な対応を行うことが重要です。

⑤適用法令の変更への対応

消費税法や関連法令の変更により、仕入税額控除の方法や条件が

変更されることがあります。法令の変更に対応し、適切な仕入税額控除を続けるためには、定期的に法令の変更情報をチェックし、必要な対応を行いましょう。

7 仕入税額控除

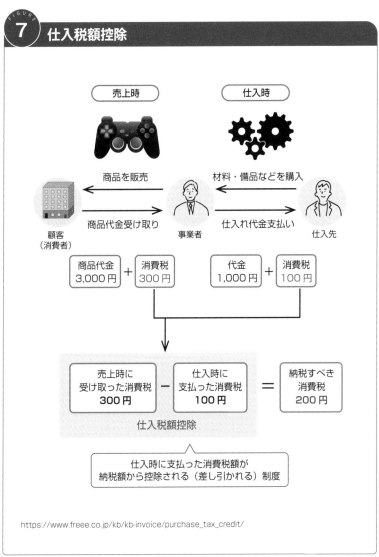

CHAPTER 1 インボイス制度の基礎知識

インボイス制度の経過措置

急激な変化を防ぐために経過措置期間が設けられており、期間中は免税事業者からの仕入れについて一定程度の控除が可能です。

1 仕入税額控除の経過措置

インボイス制度の仕入れに関する控除の対象は、適格請求書の発行事業者に登録された課税事業者に限定されます。そのため、免税事業者との取引で支払った消費税額は、控除の対象外となります。ただし、インボイス制度導入の際の、急激な変化を避けるため、2023年10月1日から2026年9月30日までは、経過措置期間を設けており、免税事業者からの仕入れについては一定程度の控除が可能です。期間は、インボイス制度開始から6年間で、最初の3年間は免税事業者等からの課税仕入れの80%、その後の3年間は50%を控除することができます。ただし、簡易課税制度を選択している課税事業者の場合は、適格請求書の区分経理が必要ないため、この経過措置は適用されません。

2 仕入税額控除の猶予期間と割合

インボイス制度導入後、一定期間は適格請求書発行事業者以外からの仕入についても、仕入税額控除が可能です。

- ・2023年9月30日まで 控除割合100%
- ・2023年10月1日〜2026年9月30日まで 控除割合80%
- ・2026年10月1日〜2029年9月30日まで 控除割合50%
- ・2029年10月1日〜控除不可

FIGURE 8　仕入税額控除の経過措置

2019年 10月1日	2023年 10月1日	2026年 10月1日	2029年 10月1日
軽減税率制度 の実施	適格請求書等 保存方式の導入		

4年
区分記載請求書等
保存方式

3年

3年

免税事業者等からの
課税仕入れにつき
全額控除可能

免税事業者等
からの課税秀
仕入れにつき
80%控除可能

免税事業者等
からの課税
仕入れにつき
50%控除可能

控除不可

FIGURE 9　インボイス制度の経過措置

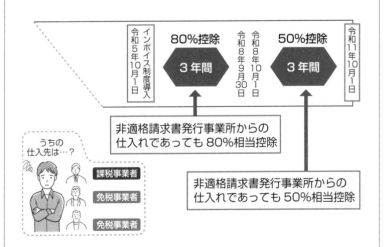

令和5年10月1日 インボイス制度導入	80%控除 **3年間**	令和8年9月30日 令和8年10月1日	50%控除 **3年間**	令和11年10月1日

うちの
仕入先は…?

課税事業者

免税事業者

免税事業者

非適格請求書発行事業所からの
仕入れであっても80%相当控除

非適格請求書発行事業所からの
仕入れであっても50%相当控除

出典：https://media.invoice.ne.jp/column/invoices/invoice-transitional-measures.html

インボイス発行事業者登録制度

インボイスを発行するには、消費税の課税事業者になる必要があります。免税事業者でも、申請を行えば課税事業者になれます。ここではインボイス発行事業者になるための方法を解説します。

1 インボイス発行事業者登録制度

インボイスを交付できるのは、**インボイス発行事業者**に限られます。インボイス発行事業者になるためには、登録申請手続きを行い、消費税の課税事業者になる必要があります。免税事業者であっても、所定の書類を提出して**消費税課税事業者選択届出手続**という手続きを行えば、課税事業者になることができます。

税務署から通知される登録番号の構成は、以下のとおりです。

- 法人番号を有する課税事業者 ─────────── Ｔ＋法人番号
- 上記以外の課税事業者
  （個人事業者、人格のない社団等）──────── Ｔ＋13 桁の数字

2 インボイス登録申請開始時期

インボイスの登録申請は、既に始まっています。2023年（令和5年）10月1日からインボイスを発行するには、原則2023年（令和5年）3月31日までに登録申請を済ませる必要がありましたが、令和5年度税制改正大綱にて、困難な事情がなくとも「2023年9月30日までに申請されたものは、2023年10月1日を登録日とできるようになる」といった、9月末まで申請期限の延長が発表されています。

FIGURE 10　インボイス制度の登録申請方法

FIGURE 11　登録申請のスケジュール

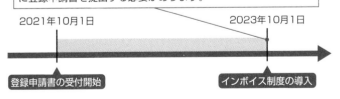

インボイス制度導入と同時に適格請求書を発行するためには、原則として 2021 年 10 月 1 日〜 2023 年 9 月 30 日までの間に登録申請書を提出する必要があります。

2021年10月1日　　　　　　　　　　　2023年10月1日

登録申請書の受付開始　　　　インボイス制度の導入

https://www.kk-osk.co.jp/products/etc/invoice.html

CHAPTER
1
8

インボイス制度の登録申請が
必要な人とは?

インボイス制度の登録申請ですが、必ずしもすべての人が必要
というわけではありません。自分自身がどのカテゴリーに当ては
まるかを確認することが大切です。

1 インボイス制度の登録申請が必要な人

インボイス制度の登録申請が必要となるのは、企業を対象として
主に事業を行っている事業者です。企業同士の取引において、仕入
税額控除を受けるためには適格請求書を発行する必要があります。
区分記載請求書では、控除が受けられなくなるからです。仕入税額
控除ができなくなると、売上にかかる消費税から仕入にかかる消費
税を引くことができないので、多くの消費税を納税することになっ
てしまいます。したがって、企業を対象として主に事業を行ってい
る事業者は、インボイス制度の登録申請を行う必要があります。

2 インボイス制度の登録申請が不必要な人

「一般消費者向けに事業を行っている方」や「取引先からインボイ
ス発行の必要性がないと言われている方」は、インボイス制度の登
録申請を行わなくても、仕入税額控除に影響を受ける心配はなく、
問題なく事業を継続することができる可能性が高いです。

ただし、インボイスの発行を求められた場合は断ることが難しい
ため、取引先とのコミュニケーションを十分に行い、登録申請をす
るかどうか慎重に判断することが必要です。インボイス発行事業者
として登録する法的な義務は発生しませんが、取引上のスムーズな
やり取りのためにも、登録を検討することも重要です。

FIGURE 12 インボイスの発行基準

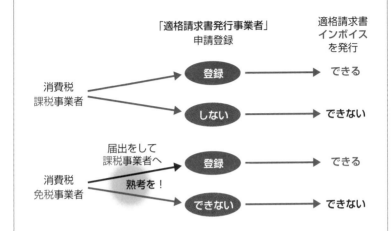

FIGURE 13 販売先による対応基準

販売先の区分	事業者のみ	事業者と一般消費者が混在	一般消費者のみ
自社の業種（例）	建設業（ひとり親方） 製造業	飲食店 花屋	学習塾 ゲームセンター
基本的な対応方針	インボイス発行事業者になることを検討する。	事業者への販売（たとえば、飲食店での法人の接待利用等）の多寡によって、インボイス発行事業者になることを検討する。	販売先に事業者がない限り、インボイス発行事業者になる必要はない。

適格請求書発行事業者の登録手続き

令和5年度税制改正大綱で、2023年9月30日までに登録申請された場合は、2023年10月1日を登録日とすることができるようになりました。ここでは、登録申請書の作成の仕方を確認しましょう。

1 「適格請求書発行事業者の登録申請書」の書き方

登録申請書に必要な記入項目は以下の通りです。また、免税事業者の場合は、追加の記入項目が必要になります。

- ・住所（法人の場合は本店地または主たる事務所の所在地を記載する）
- ・納税地の住所
- ・氏名又は名称
- ・代表者氏名（法人の場合のみ）
- ・法人番号
- ・事業者区分（課税事業者又は免税事業者）
- ・登録要件の確認（課税事業者であるかどうか、消費税法の違反歴がないかどうか）

2 「免税事業者」の場合の追加記入項目

- ・個人番号（個人事業者の場合）
- ・設立年月日（個人事業者の場合は生年月日）
- ・事業内容
- ・設立年月日と資本金
- ・2023年10月1日以降に課税事業者になる場合は、所定の箇

所にチェックを入れます。

・**消費税課税事業者 (選択) 届出書**を提出して課税事業者になる場合は、所定の箇所にチェックを入れ、課税期間の初日の日付を記入します。

FIGURE

14 適格請求書発行事業者の登録申請書

国税庁のホームページからダウンロード

登録申請の手順

インボイス制度の登録申請が開始されています。2023年10月1日に制度が導入されるため、適格請求書発行事業者になるためには、申請をする必要があります。

1 登録申請手続きの流れ

①紙の申請書を郵送する場合

1）国税庁のウェブサイトから登録申請書をダウンロードします。

2）申請書に必要事項を記入します。

3）申請書を「インボイス登録センター」に郵送します。

②紙の申請書を税務署に提出する場合

1）国税庁のウェブサイトまたは税務署の窓口から登録申請書を入手します。

2）申請書に必要事項を記入します。

3）申請書を税務署の窓口に提出します。

③e-Taxによるオンライン申請

e-Taxとは「国税に関する各種の手続きについて、インターネット等を利用して電子的に手続きが行えるシステム」のことです。e-Taxによる申請の場合は、利用者識別番号や暗証番号、電子証明書の取得が必要です。

提出後、審査が行われ合格すると、登録番号が記載された登録通知書が送付されます。登録通知とともに、適格請求書発行事業者の情報は、国税庁のホームページ「適格請求書発行事業者公表サイト」で公表されます。

FIGURE 15 3種類の申請方法

郵送	税務署の窓口へ持参	e-Taxで電子申請
「適格請求書発行事業者の登録申請書」を税務署から入手するか、国税庁のサイトからダウンロード	「適格請求書発行事業者の登録申請書」を税務署から入手するか、国税庁のサイトからダウンロード	PCやスマートフォンなどを利用して「e-Tax」で「適格請求書発行事業者の登録申請書」のサイトにログイン（事前に、電子証明書〔マイナンバーカードなど〕や利用者識別番号を用意）
↓	↓	↓
作成	作成	画面に表示された質問に回答
↓	↓	↓
「インボイス登録センター」へ郵送で提出	税務署の窓口へ持参	「e-Tax」で登録申請完了。登録通知書の電子での通知を事前に希望すると、後日、メッセージボックスに登録番号等が記載された登録通知書がデータで届く

国税庁ホームページ
適格請求書発行事業者公表サイト▶

課税事業者の要件

消費税の課税事業者とは、消費税の納税義務を負った事業者のことです。課税事業者と免税事業者の違いや課税事業者になる条件などについて解説いたします。

1　課税事業者とは

消費税は、商品やサービスを購入した際に消費者が支払う税金です。支払われた消費税は、商品やサービスを提供した事業者が、自らの仕入れ等でかかった消費税額を差し引いて納税されます。ただし、すべての事業者が消費税を納付しているわけではなく、消費税の納付義務を負った事業者が消費税の納税を行っています。これを消費税の**課税事業者**と呼び、免税された事業者を消費税の**免税事業者**と呼びます。消費税は、支払った消費税と預かった消費税の差し引きで計算されるため、還付される場合もあります。

2　課税事業者になる条件

課税事業者になると、登録番号付きの適格請求書の発行ができますが、免税事業者は登録番号がないため、適格請求書の発行ができません。ただし、課税事業者の登録申請をすれば、登録番号を取得できます。その際、税務署は登録申請を審査します。消費税法の規定に違反して、罰金以上の刑に処せられた人やその執行終了後2年を経過していない事業者は、登録拒否される可能性があります。

また、適当な番号を勝手に付けたような偽物の適格請求書を発行すると、消費税法により「1年以下の懲役または50万円以下の罰金」が科せられますので注意して下さい。

FIGURE 16 「課税事業者」か「免税事業者」によって変わる影響

 A 自身が課税事業者 ＆取引先も課税事業者

自身　　＆　　取引先

課税事業者　　課税事業者

● 基本的には収益への影響なし
● 登録申請は忘れずに！

 B 自身が課税事業者 ＆取引先が免税事業者

自身　　＆　　取引先

課税事業者　　免税事業者

● 登録申請は忘れずに！
● 仕入税額控除が受けられない

C 現在免税事業者 →今後課税事業者になる

現在　→　今後

免税事業者　　課税事業者

● 消費税の納税義務が発生
● 取引先との関係は変わらず

D 現在免税事業者 →今後免税事業者を継続

現在　→　今後

免税事業者　　免税事業者

● 適格請求書を発行できない
● 取引停止や値引きのリスク

https://tenshoku.mynavi.jp/knowhow/caripedia/134/

FIGURE 17 課税事業者になるメリット・デメリット

メリット
・適格請求書の発行ができる

デメリット
・消費税を納税しなければならない
・消費税の納税に申告が必要
・適格請求書の条件に合うフォーマットに
　変更しなければならない

https://zei777.com/blog/11811/

12 免税事業者の要件

2023年から段階的に実施され、2029年に完全実施となるインボイス制度。免税事業者と課税事業者の違いや、免税事業者になるための要件などについて解説いたします。

1 免税事業者とは

消費税の課税期間に係る基準期間において、課税売上高が1,000万円に満たない事業者は、消費税の納付を免除されています。こういった、消費税の納付を免除される事業者を**免税事業者**と呼びます。免税事業者は適格請求書を交付できないので、取引先はその分の消費税を多く納税することになります。取引先にとってはマイナス要素ですので、消費税に当たる分の金額を値引きするように要求されたり、取引の継続が難しくなったりする可能性があります。

インボイス制度が導入されることで、免税事業者が大きな影響を受けると言われているのは、こういったことからです。

2 免税事業者の要件

免税事業者とは「基準期間における課税売上高が1,000万円以下であること」と「特定期間における課税売上高が1,000万円を超えていないこと」を同時に満たす必要があります。

基準期間は、その年の2年前（個人事業主は前々年、法人は前々事業年度）で、特定期間は、その年の前6か月（個人事業主は前年の1月1日から6月30日、法人は前事業年度開始日から6か月間）です。基準期間が1年に満たない場合は、期間中の課税売上高を月数で割り、月あたりの額を出して1年相当の額を算出します。特定期

間においては、代わりに給与支払額の合計額が1,000万円以上であるかを判定要件にすることもできます。

ただし、資本金1,000万円以上の法人を設立した場合は、課税売上高にかかわらず課税対象者として扱われるため、免税事業者にはなれません。

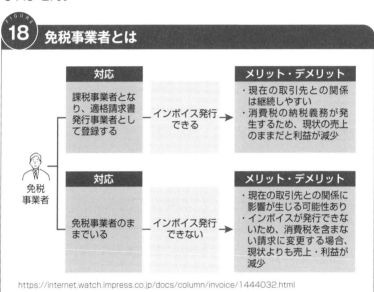

FIGURE 18 免税事業者とは

	対応		メリット・デメリット
免税事業者	課税事業者となり、適格請求書発行事業者として登録する	インボイス発行できる	・現在の取引先との関係は継続しやすい ・消費税の納税義務が発生するため、現状の売上のままだと利益が減少
	免税事業者のままでいる	インボイス発行できない	・現在の取引先との関係に影響が生じる可能性あり ・インボイスが発行できないため、消費税を含まない請求に変更する場合、現状よりも売上・利益が減少

https://internet.watch.impress.co.jp/docs/column/invoice/1444032.html

FIGURE 19 免税事業者になるメリット・デメリット

メリット
・消費税を納税する必要がない
・事務的な作業の手間がかからない

デメリット
・取引先が減る可能性がある
・消費税分の値引きを求められる可能性がある

https://zei777.com/blog/11811/

CHAPTER
1
13

免税事業者の受ける3つの影響

免税事業者とは、消費税の課税期間中の売上高が1,000万円未満の事業者で、消費税の納税が免除されています。

1 免税事業者の受ける影響

①取引先の見直しや値引き交渉される可能性

インボイス制度が導入された後、課税事業者の購入先が免税事業者の場合、課税事業者は仕入税額控除を受けられなくなります。課税事業者の購入側は、インボイスを発行できる売り手を選好して「取引先を見直す」可能性があります。仕入税額控除を受けられないため、消費税相当額を「値引き交渉される」可能性もあります。

②免税事業者のためにインボイスの発行ができない

インボイス（適格請求書）を作成するには、**適格請求書発行事業者**として登録する必要がありますが、免税事業者でいる限り登録できません。適格請求書を作成したい場合は、免税事業者が課税事業者として登録する必要があります。

③課税事業者への転換も必要

免税事業者は、インボイス制度導入により売上減少や値引き交渉のリスクを抱える可能性があります。そのため、課税事業者に転換することも検討が必要です。また、税制改正により、小規模事業者に対する負担軽減措置（**2割特例**）が決定されました。

インボイス制度導入後は、免税事業者から受理した請求書では、仕入税額控除を受けられなくなりますが、従来の書類でも段階的に引き下げられる控除率が適用されます。2026年9月までは80%、

2029年9月までは50%の控除率の控除が受けられます。これに
より、課税事業者になるデメリットを緩和することができます。

インボイス制度で免税事業者との取引は不利になる

インボイス制度が始まる前

請求書

免税事業者 ━━━━━━━▶ 課税事業者

仕入税額控除
ができる

・保存すべき請求書等に登録番号は関係ない
・免税事業者への支払消費税も差し引ける
↓
免税事業者の取引先は損をしない

インボイス制度が始まった後

請求書

免税事業者 ━━━━━━━▶ 課税事業者

適格
請求書

仕入税額控除
ができない

・保存すべき請求書等に登録番号が必要
・免税事業者は登録番号をもらえない
・免税事業者への支払消費税は控除できない
↓
免税事業者の取引先が損をする

FIGURE 21 課税事業者が負担する消費税が増える

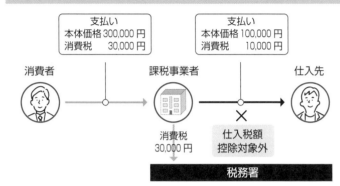

仕入先が適格請求書発行事業者ではない場合

支払い
本体価格 300,000 円
消費税　　30,000 円

支払い
本体価格 100,000 円
消費税　　10,000 円

消費者 ─── 課税事業者 ──×── 仕入先

消費税 30,000 円　　仕入税額控除対象外

税務署

つまり…仕入税額控除ができなくなる

預かった消費税	−	支払った消費税	=	納税する消費税
消費税 30,000 円		消費税 10,000 円		消費税 30,000 円

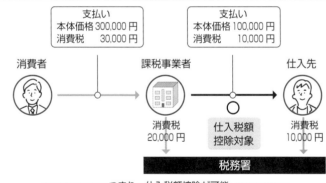

仕入先が適格請求書発行事業者の場合

支払い
本体価格 300,000 円
消費税　　30,000 円

支払い
本体価格 100,000 円
消費税　　10,000 円

消費者 ─── 課税事業者 ──○── 仕入先

消費税 20,000 円　　仕入税額控除対象　　消費税 10,000 円

税務署

つまり…仕入税額控除が可能

預かった消費税	−	支払った消費税	=	納税する消費税
消費税 30,000 円		消費税 10,000 円		消費税 20,000 円

出典：https://biz.moneyforward.com/invoice/basic/48071/

14 課税事業者が免税事業者に戻る場合

2023年から段階的に実施され、2029年に完全実施となるインボイス制度。ここでは、課税事業者が免税事業者に戻る場合について解説します。

1 免税事業者に戻る場合の手続き

事業主が課税対象事業者になるためには、課税事業者選択届出書を提出する必要があります。しかし、後に課税事業者として登録する必要がなくなった場合は、課税事業者としての登録を解除し、免税事業者に戻ることができます。**課税事業者選択不適用届出書**を提出し、基準期間中の課税売上高が1,000万円以下であれば、原則として、取消の手続きを行った期の翌期又は翌々期に戻ることができます。

2 登録日によって免税事業者に戻る期日が変わる

課税事業者から「免税事業者に戻ろう」と思っても、免税事業者にすぐに戻ることはできませんので十分な注意が必要です。課税事業者に登録した日が、令和5年10月1日に属しているかいないかで、免税事業者に戻る期日が変わります。

免税事業者が令和5年10月1日を含まない課税期間の登録をした場合、登録日から2年を経過する日の属する課税期間までは免税事業者に戻ることができません。2年間は課税事業者として税金を申告する必要があります。つまり、この場合の課税事業者としての拘束期間は2年になります。

22 免税事業者に戻る場合

消費税課税事業者届出書
（特定期間用）

特定期間および基準期間において
課税売上が 1000 万円未満であれば、
事前に消費税の納税義務者でなくなった
旨の届出書を提出し、免税事業者に戻る。

免税事業者	課税事業者	課税事業者	免税事業者

↑
課税売上
1000 万以上

基準期間にて課税
売上 1000 万以上

消費税課税事業者届出書
（基準期間用）の提出をしなくても
自動的に課税事業者となる。

https://blog.goo.ne.jp/miyuma_jf/e/2c97d9bdc17b8b18fa5afc5901a0d15b

23 登録日によって 2 年間は免税事業者に戻れない

課税期間が 4/1 から 3/31 である免税事業者だった法人の例

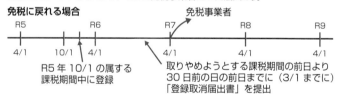

免税に戻れる場合

免税事業者

R5年 10/1 の属する
課税期間中に登録

取りやめようとする課税期間の前日より
30 日前の日の前日までに（3/1 までに）
「登録取消届出書」を提出

2 年間免税に戻れない場合

免税事業者

登録日の 2 年後の R8 年 6/1

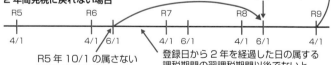

R5年 10/1 の属さない
課税期間中に登録

登録日から 2 年を経過した日の属する
課税期間の翌課税期間以後でないと、
免税事業者には戻れない

https://uchimaki.com/2022/08/01/innboisugaiyou-2nennhamennzeinimodorenai/

38

「インボイス制度のインボイス」と 「輸出入の際のインボイス」との違い

　従来、海外と取引を行う企業で、インボイス（invoice）という言葉は、輸出入で使われる「送り状」としてのイメージが強いかもしれません。この場合のインボイスとは、輸出入において税金の計算に必要な書類であり、取引相手との間で納品書としての役割も果たす意味合いもあります。この書類は輸出側が作成することが義務づけられており、商品の価格、数量、取引条件、運賃などが記載されています。

　インボイス制度との違いは、「関連する税金」です。輸出入に関わる税金には「関税」があります。海外から商品を輸入する際には、輸出業者から輸入業者に送られるコマーシャル・インボイスが一般的です。このコマーシャル・インボイスは、関税の根拠として利用されます。

　一方、2023 年 10 月 1 日から導入される「インボイス制度」におけるインボイスとは、国内取引において販売者が取引先に対して、取引の内容や価格、消費税などの情報を記載した「請求書等」のことを指します。つまり、国内取引における取引の「消費税」に関する書類です。

　EC 事業者の方々にとっては、「インボイス」という言葉は、主に輸出入で使用される書類というイメージが強いため、実際にインボイス制度の話をしているのか、そうでない従来の意味合いのインボイスの話をしているのか、混乱してしまうことがあるかもしれませんが、はっきり区別して認識することが大切になります。

「コマーシャル・インボイス」（輸出する側が作成する書類で、物品を送るときに税関への申告、検査などで必要となり、相手国での輸入通関をする際にも必要となる書類）

INVOICE	
	インボイス作成日(Date) :
	インボイス作成地(Place) : JAPAN

ご依頼主 (Sender) :
Name:
 	
Address:
 	
Country:
  TEL
  FAX
	郵便物番号 (Mail Item No.) :

	送達手段 (Shipped Per) :
	支払い条件 (Terms of Payment) :

お届け先 (Addressee) :
Name:
 	
Address:
 	
Country:
  TEL
  FAX
	備考 (Remarks) :
	□ 有償 (Commercial value)
	
	□ 無償 (No Commercial value)
	  □ 贈物 (Gift) □ 商品見本 (Sample) □ その他 (Other)

内容品の記載 (Description)	原産国 (Country of Origin)	正味重量 (Net Weight) Kg	数量 (Quantity)	単価 (Unit Price) JPY	合計額 (Total Amount) JPY
総合計 (Total)					JPY

F.O.B. JAPAN

郵便物の個数 (Number of pieces) :　————

総重量 (Gross weight) Kg　:　————　　　　署名(Signature)

1 / 1 page

https://www.post.japanpost.jp/int/download/invoice.html

40

CHAPTER

2

インボイス
（適格請求書）とは

　インボイス（適格請求書）とは、正確な税率と税額を販売先に伝えるための請求書や領収書のことで、インボイスには従来の請求書等に加えて追加の必要記載事項が必要になります。インボイスは請求書だけではなく、納品書やレシートなどの証憑書類も含まれます。インボイス制度を理解し、対応することは、円滑なビジネスを展開するために不可欠な知識です。仕入先がインボイスを発行しない場合、売上先に仕入税額控除ができないといった、不利益をもたらす可能性があることを認識する必要もあります。

　ここでは、適格請求書や適格簡易請求書などのインボイスの発行の仕方や種類、注意点などを解説します。

インボイス（適格請求書）の概要

「インボイス」という用語の正式名称は「適格請求書」です。この適格請求書には指定された項目が記載された請求書、納品書、領収書、レシートなどの証憑書類が含まれます。「請求書」だけが、インボイスではないことに留意する必要があります。

1 インボイスに記載する必要項目

インボイスに項目に漏れや誤りがあると、その請求書は正式なものとして認められず、その結果、仕入税額控除を受けることができなくなってしまいます。つまり、正確で完全な情報を含まない請求書は、税務上の問題を引き起こす可能性があります。記入漏れがないよう、事前に準備しておきましょう。

2 インボイスに記載する7つの必要項目

❶発行事業者の氏名または名称

❷登録番号

❸取引年月日（いつ取引があったのかを記載）

❹取引の内容（商品・サービス名や数量、単価、合計金額など、また軽減税率の対象品目である場合はその旨を記載）

❺税率ごとに合計した対価の額および適用税率

❻税率ごとに区分した消費税額

❼書類の受領者の氏名または名称

新たにインボイス導入後に記載する必要のある項目は、②登録番号、⑤適用税率、⑥税率ごとに区分した消費税額 になります。

3 証憑書類とは

証憑書類とは、契約書や納品書・発注書など、企業が何か取引をした際に、その取引が完了したことを証明する書類のことをいいます。経理や会計などのビジネスシーンではよく使われる言葉です。証憑書類の種類は幅広いですが、大きく分類すると以下の4種類に分けられます。

① 売上に関わる書類
② 仕入れに関わる書類
③ ヒトに関わる書類
④ その他書類

FIGURE 24 インボイス（適格請求書）の必要記載事項

請求書

2023年10月3日

❼Bewish株式会社　御中

❶株式会社ビーウィッシュ
❷登録番号：T1234567890...

ご請求金額　328,000円

❸2023/9/10　品目A❹		200,000円
2023/9/20　品目B ※		100,000円
※軽減税率対象品目です	小計	300,000円
	消費税	28,000円
	合計	328,000円
	内訳	
	10%対象	200,000円❺
	消費税	20,000円❻
	8%対象	100,000円❺
	消費税	8,000円❻

CHAPTER
2
2

簡易インボイス（適格簡易請求書）

インボイス制度では、適格簡易請求書として領収書やレシートを活用することができます。ここでは、適格簡易請求書の概要などを解説します。

1 適格簡易請求書とは？

適格簡易請求書は、請求書の記載項目が簡略化されたもので、小売業や飲食店業などの、不特定多数の相手へ資産の譲渡などを行う事業者にしか発行することができません。「簡易」とはいえ、適格簡易請求書でも、適格請求書と同じように税金の仕入税額控除が可能です。適格簡易請求書は、インボイス制度における「レシート」として理解することができます。ただし、適格簡易請求書は、適格請求書と同様に、適格請求書発行事業者でなければ発行することができません。

2 適格簡易請求書に記載する必要項目

適格簡易請求書には、以下の事項を記載します。

①適格請求書発行事業者の氏名又は名称及び登録番号
②取引年月日
③取引内容（軽減税率の対象品目である旨）
④税率ごとに区分して合計した対価の額（税抜き又は税込み）
⑤税率ごとに区分した消費税額等又は適用税率

以上の5つが、適格簡易請求書に必要な記載事項になります。

FIGURE 25　適格簡易請求書の記載事項

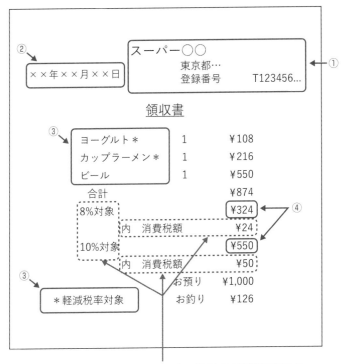

```
②                    スーパー○○
                      東京都…                    ①
  ××年××月××日        登録番号    T123456...

              領収書

  ③
     ヨーグルト＊        1        ¥108
     カップラーメン＊    1        ¥216
     ビール            1        ¥550
        合計                     ¥874
     8%対象                     ¥324      ④
              内  消費税額        ¥24
     10%対象                    ¥550
              内  消費税額        ¥50
  ③                         お預り    ¥1,000
     ＊軽減税率対象            お釣り    ¥126
```

⑤ 適用税率又は消費税額等の
　 どちらかを記載
　 ※両方を記載することも可能

①適格請求書発行事業者の氏名又は名称及び登録番号
②取引年月日
③取引内容（軽減税率の対象品目である旨）
④税率ごとに区分して合計した対価の額
（税抜き又は税込み）
⑤税率ごとに区分した消費税額等又は適用税率

出典：国税庁｜適格請求書等保存方式の概要を元に作成

適格簡易請求書の発行条件

インボイス制度では、領収書やレシートなどを適格簡易請求書として使用することができます。以下では、適格簡易請求書についての概要を説明します。

1 適格簡易請求書の発行条件

　仕入税額控除を受けるためには、適格簡易請求書を発行する事業者が、適格請求書発行事業者に登録されていることが必要不可欠です。ただし、適格請求書発行事業者は課税事業者に限定されているので、免税事業者を相手にした場合には適格簡易請求書の発行ができないため、仕入税額控除の対象外となります。

　また、現行の区分記載請求書保存方式でも、不特定かつ多数の者と取引する一定の事業の場合、請求書に相手先の名称を記載する必要はありません。

2 適格簡易請求書を発行できる業種

　小売業、飲食店業、写真業、旅行業、タクシー業、駐車場業、および不特定多数の相手へ資産の譲渡などを行う事業に限られます。したがって、適格簡易請求書として領収書を利用する場合は、相手が適格請求書発行事業者に登録されているか、そして発行可能な事業であるかを確認する必要があります。

FIGURE 26 適格簡易請求書を発行できる業種

簡易インボイスを発行できる7業種

小売業

飲食店業

写真業

旅行業

タクシー業

駐車場業

その他、これらの事業に準ずる事業で不特定かつ多数の人と取引する者

3万円未満の領収書について

令和5年9月30日までは、税込3万円未満の課税仕入れについては、領収書の交付を受けなかった場合でも、やむを得ない理由がある場合は帳簿への記載だけで仕入税額控除が認められていましたが、インボイス制度導入で、これらの規定は廃止されます。経費として計上するには、原則、レシートなどの証拠書類が必要です。

1 インボイス制度導入後の領収書

令和5年10月1日からは、3万円未満の仕入れにおいても**適格請求書**や**適格簡易請求書**の保存が必要であり、領収書がもらえない場合でもやむを得ない理由とはなりません。したがって、クレジットカードで支払った経費が、3万円未満であっても領収書（適格請求書や適格簡易請求書）が必要となります。

2 適格請求書の交付義務が無い取引

インボイス制度では、以下の取引においては適格請求書や適格簡易請求書の交付義務がありません。

①3万円未満の公共交通機関（船舶・バス・鉄道）の運賃
（航空機を除く）
②卸売市場における生鮮食料品等の販売
③農業協同組合、漁業協同組合、森林組合などに委託する農林水産物の販売
④3万円未満の自動販売機及び自動サービス機からの購入

⑤郵便切手のみを対価とする郵便・貨物サービス

（郵便ポストに投函されるもの）

⑥出張旅費・宿泊費・日当・通勤手当の従業員支給

⑦質屋や古物店での消費者からの購入

⑧出入口で回収される入場券

　これらの取引は事業の性質上、適格請求書や適格簡易請求書を作成することが困難であり、交付義務が免除されています。

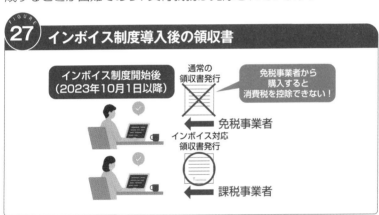

FIGURE 27 インボイス制度導入後の領収書

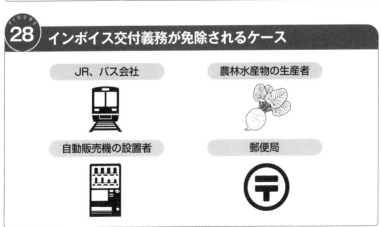

FIGURE 28 インボイス交付義務が免除されるケース

CHAPTER
2
5

適格請求書と適格簡易請求書の違い

適格請求書には「適格請求書」と「適格簡易請求書」があります。ここでは、適格請求書と適格簡易請求書の違いについて解説いたします。

1 適格簡易請求書と適格請求書との違いは？

適格簡易請求書（簡易インボイス）が**適格請求書**（インボイス）と異なるポイントとしては大きく3つあります。

①宛名の記載が不要

「書類を受け取る事業者の名前または名称」を記載する必要がないことです。このため、宛名を書く手間が省け、不特定多数との取引でも円滑に書類を交付することができます。

②税率ごとの消費税額の記載が不要

「税率ごとに区分して合計した対価の額」に適用税率を明記する必要がないことです。適格請求書の場合は、「8％合計〇〇円」「10％合計〇〇円」といった具合に、適用税率を明示する必要がありますが、適格簡易請求書ではそれが不要です。

③税率ごとに区分した消費税額等の記載を適用税率の記載で代用できる

「税率ごとに区分した消費税額等」の記載を「適用税率」の記載で代用できます。つまり、具体的に税率ごとに分けた消費税額を書く必要はなく、「適用税率」の記載だけで代用できます。

29 適格請求書と適格簡易請求書の違い

▼適格請求書

<table>
<tr><td colspan="3" align="center">請求書</td><td align="right">△△商事㈱</td></tr>
<tr><td colspan="2">㈱○○御中</td><td colspan="2" align="right">登録番号　T012345…</td></tr>
<tr><td>11月分</td><td colspan="2">131,200 円</td><td align="right">××年××月××日</td></tr>
</table>

日付	品名	金額
11/1	魚　＊	5,000 円
11/1	豚肉＊	10,000 円
11/2	タオルセット	2,000 円
…	…	…

合計	120,000 円	消費税	11,200 円
8%対象	40,000 円	消費税	3,200 円
10%対象	80,000 円	消費税	8,000 円

*軽減税率対象

▼適格簡易請求書

スーパー○○
東京都…
××年××月××日　　登録番号　　T123456...

領収書

ヨーグルト＊	1	¥108
カップラーメン＊	1	¥216
ビール	1	¥550
合計		¥874
8%対象		¥324
内　消費税額		¥24
10%対象		¥550
内　消費税額		¥50
お預り		¥1,000
＊軽減税率対象　　お釣り		¥126

出典：国税庁｜適格請求書等保存方式の概要

インボイス対応の手書き領収書

宛名（簡易インボイスなら省略可）

| 領収証 | 後日現金を受け取り領収書を発行する場合は、実際の取引年月日も記載します。 |

○○様

14,240 円

但　テイクアウト（軽減対象）、店内飲食代金として（2023 年 10 月 10 日分）

2023 年 10 月 31 日　　上記正に領収しました

| 税率 8% | 金額（税抜・税込） | 3,000 円 |
| | 消費税額 | 240 円 |

| 税率 10% | 金額（税抜・税込） | 10,000 円 |
| | 消費税額 | 1,000 円 |

大阪市○区○○丁目○一○
割烹料理○○店
登録番号：T12345...

税率ごとに区分して記載

発行事業者の名称とインボイス登録番号

手書き領収書でも
必要事項を
しっかり記入
しましょう。

インボイス（適格請求書）の記入方法

インボイス（適格請求書）を発行するには、従来の請求書とはフォーマットが異なる内容のため注意が必要です。インボイスには、従来の請求書に加えて以下の項目を含める必要があります。

1 登録番号

インボイスを発行するためには、税務署で適格請求書発行事業者の登録申請手続きを行い、登録されると事業者に登録番号が通知されます。この登録番号は、法人番号を持つ課税事業者の場合は「T＋法人番号」、それ以外の課税事業者の場合は「T＋数字13桁」という番号が割り当てられます。この番号を**登録番号**という項目を作成して記載する必要があります。登録番号を記載しないと、取引先が仕入税額控除を受けることができません。

2 適用税率

インボイスには、商品やサービスに適用される消費税率を記載する必要があります。例えば、10％と8％の商品を販売した場合、軽減税率8％が適用される商品名の隣に「※印は軽減税率8％適用商品」「※は軽減税率対象商品です」というように記載し、「※」を商品名の隣に表示することで、適用される税率を明確にします。

3 税率ごとに区分した消費税額

インボイスには、どれだけの消費税がかかるのかを明確に記載する必要があります。具体的には「10％対象：○○円」「8％対象：○○円」など、税率ごとに詳細な消費税額を記載します。

31 インボイス（適格請求書）の記載事項

❻
○○株式会社御中

請求書 ❶
会社名
登録番号 T0123...

○年○月○日　　131,000 円

日付	品名	金額
○/1	○○○○ ❸	5,000 円
○/1	○○○	10,000 円
…		
合計	120,000 円	消費税 11,000 円

❷（日付欄）❸（品名欄）

❹
| 8%対象 | 50,000 円 | 消費税 | 4,000 円 | ❺ |
| 10%対象 | 70,000 円 | 消費税 | 7,000 円 | |

❸ ＊軽減税率対象

記載事項

❶ 適格請求書発行事業者の氏名又は
名称及び登録番号

❷ 取引年月日

❸ 取引内容（軽減税率の対象品目である旨）

❹ 税率ごとに区分して合計した対価の額
（税抜き又は税込み）及び適用税率

❺ 税率ごとに区分した消費税額等

❻ 書類の交付を受ける事業者の氏名又は名称

※新たにインボイス導入後に記載する必要のある項目は、①登録番号、④適用税率、⑤税率ごとに区分
した消費税額になります。
出典：https://www.mugen-corp.jp/column/949/

インボイス制度によって変わる3つのこと

1　請求書の様式

請求書に3項目追加される

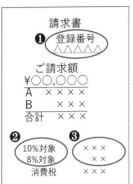

❶ インボイス制度の
　登録番号

❷ 適用税率

❸ 適用税率ごとの
　消費税の合計

2　消費税の申告が複雑に

取引きごとに管理！

課税事業者　　免税事業者・消費者

3　フリーランスは仕事が減る可能性も

＊課税売上高1,000万円以下

　<取引先>　

課税事業者　　　　　　フリーランス

費用　　　　　➡　高

　費用がかからないほうに
依頼したいな…

インボイスの交付義務

インボイス制度では、先述した項目を記載したインボイス（適格請求書）を発行する必要があります。しかし、これまでの請求書とは異なる点がいくつかあります。ここでは、従来の請求書と比較して変更となる点について解説していきます。

1 インボイスの交付義務

インボイス制度が開始されると、売り手側は買い手側（消費税免税事業者を除きます）からインボイス（適格請求書）の発行を求められた場合は、交付しなければなりません。

インボイス制度導入後、消費税法によって「適格請求書発行事業者（インボイスを発行することができる個人事業者や法人）は、国内において商品の販売やサービスの提供等を行った場合において、それらの取引の相手方である他の事業者（消費税免税事業者を除く）からインボイス（適格請求書）の交付を求められたときは、その取引にかかるインボイスを相手方に交付しなければならない」と定められています。

よって、消費税免税事業者や事業者ではない一般消費者に対しては、インボイスを交付する義務はありません。

適格請求書発行事業者になるかどうかは任意ですが、取引先から適格請求書の発行を求められた場合は、課税事業者として登録を受けて適格請求書の発行が必要な場合があります。

2 インボイスの発行者

従来の請求書は誰でも発行できましたが、インボイス（適格請求書）は税務署に登録された適格請求書発行事業者しか発行できません。適格請求書発行事業者になるには、消費税が課せられる課税事業者である必要があります。免税事業者がインボイスを発行するためには、課税事業者となり、適格請求書発行事業者の登録申請を行う必要があります。

FIGURE
33 インボイス発行事業者の4つの義務

❶ 課税事業者である取引の相手方の求めに応じ
インボイスを交付する義務

❷ 値引きなど対価の返還を行った場合、適格返還請求書
いわゆる返還インボイスを交付する義務

❸ 交付したものに誤りがあった場合、修正した適格請求書
いわゆる修正インボイスを交付する義務

❹ 交付した①〜③の写しを保存する義務

インボイス制度で変わる請求書①

インボイスは、これまでの請求書とは異なる注意点が複数あります。以下では、端数処理の仕方について解説します。

1 端数処理

国税庁のガイドラインによれば「1つのインボイスにつき、税率ごとに1回の**端数処理**を行う」とあります。

従来の請求書では、端数処理に関するルールは特に定められていませんでしたが、インボイス制度では「1つのインボイスにつき、税率の異なるごとに1回、税率ごとに合計した対価の額に税率を乗じて消費税を求める」という端数処理のルールが定められています。

例①のように、消費税率が8%と10%の商品を販売した場合、それぞれの消費税額の税率ごとの合計額に対して、1回ずつ切り上げ・切り捨て・四捨五入などの端数処理を行い、消費税額等を算出する必要があります。また例②のように、1つのインボイスに記載されている個々の商品ごとに消費税額等を計算して端数処理を行い、その合計額を「税率ごとに区分した消費税額」として記載することは認められていません。そのため、請求書に係る運用方法の変更やシステム改修が必要な場合もあります。

2 「割り戻し計算」と「積上げ計算」

従来は、1年間の総売上に対する消費税を算出して税額を決定する**割り戻し計算**のみが認められていましたが、インボイス制度では、売上ごとに発生した消費税の金額を累積していくことにより税額を算出する**積上げ計算**も可能になりました。

34 端数処理の方法

例①：認められる例

（注）個々の商品ごとの消費税額を参考として記載することは、差し支えありません。

請求書

○○㈱御中　　　　　　　　　　　　　　　　　　　○年 11 月 30 日

㈱△△

請求金額（税込）60,197 円　　　　　　　　　　　（T123…）

＊は軽減税率対象

取引年月日	品名	数量	単価	税抜金額	消費税額
11/2	トマト　＊	83	167	13,861	(注)　—
11/2	ピーマン＊	197	67	13,199	—
11/15	花	57	77	4,389	—
11/15	肥料	57	417	23,769	—
8%対象計				27,060 ➡	2,164
10%対象計				28,158 ➡	2,815

端数処理

例②：認められない例

税抜価格を税率ごとに区分して合計した金額に対して 10% 又は 8% を乗じて得た金額に端数処理を行います。以下のように、個々の商品ごとに消費税額を計算し、その計算した消費税額を税率ごとに合計し、適格請求書の記載事項とすることはできません。

請求書

○○㈱御中　　　　　　　　　　　　　　　　　　　○年 11 月 30 日

㈱△△

請求金額（税込）60,195 円　　　　　　　　　　　（T123…）

＊は軽減税率対象

行ごとに端数処理

取引年月日	品名	数量	単価	税抜金額	消費税額
11/2	トマト　＊	83	167	13,861 ➡	1,108
11/2	ピーマン＊	197	67	13,199 ➡	1,055
11/15	花	57	77	4,389 ➡	438
11/15	肥料	57	417	23,769 ➡	2,376
8%対象計				27,060	2,163
10%対象計				28,158	2,814

出典：国税庁「適格請求書等保存方式の概要」

35 「割り戻し計算」と「積上げ計算」

割り戻し計算方式
1年間の総売上に対する消費税を算出することで
税額を決める。

New

積上げ計算方式
都度売上で発生した消費税の金額を足していくことで
税額を決める。

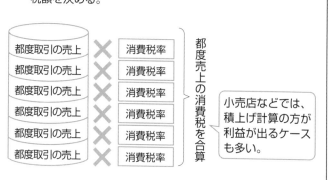

小売店などでは、
積上げ計算の方が
利益が出るケース
も多い。

出典：https://ameblo.jp/ms-cpta/entry-12665227728.html を元に作成

インボイス制度で変わる請求書②

インボイス（適格請求書）は、これまでの請求書とは異なる点が複数あります。記載事項や保存期間について解説します。

1 請求書の保存期間

請求書は法人や個人事業主に関わらず保管する必要があります。請求書の保存期間に関しては、受領側はインボイス制度でも従来の請求書と同様に、発行日から7年間が義務付けられています。インボイス制度導入後は、請求書を発行した事業者（売り手）も請求書を受け取った事業者（買い手）と同様に両者が、請求書を7年間保管しなければなりませんので注意が必要です。保管期間は7年ですが、欠損金の繰越控除を適用する場合などに備え、法人の場合は10年を保管期間として設定することが確実といえます。

2 請求書の保管方法

請求書や取引先へ送付した請求書の保管方法には、以下の3つの方法があります。

①紙での保管

受領した請求書や発行した請求書の控えは、通常は自社の規定に基づき（月別や取引先別など）、紙媒体でファイリングして保管します。

②電子データでの保管

紙媒体の請求書を保存する場合、保管スペースの問題が生じることがあります。そのような場合は、スキャナを使用して読み取り、

電子データとして保管することで紙媒体を破棄できます。ただし、電子帳簿保存法のスキャナ保存要件を遵守する必要があります。

③マイクロフィルムでの保管

マイクロフィルムは、被写体を縮小撮影して記録する写真技法であり、細かい粒子で高品質な画像を保持します。一定の要件を満たす場合、請求書の保管に使用できます。ただし、マイクロフィルムリーダーとプリンタの設置が必要であり、保管期間は法定保存期間の最後の2年間に限られます。

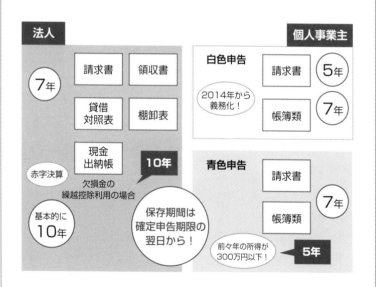

FIGURE 36 請求書の保存期間

法人

7年：請求書、領収書、貸借対照表、棚卸表、現金出納帳

赤字決算

欠損金の繰越控除利用の場合　10年

基本的に10年

保存期間は確定申告期限の翌日から！

個人事業主

白色申告
- 請求書　5年
- 帳簿類　7年

2014年から義務化！

青色申告
- 請求書　7年
- 帳簿類

前々年の所得が300万円以下！　5年

出典：https://media.invoice.ne.jp/column/Invoices-and-receipts/receipt-storage.html を元に作成

62

インボイス制度で変わる請求書③

インボイス（適格請求書）は、これまでの請求書とは異なる点が複数あります。記載事項や主な法律について解説していきます。

CHAPTER
2
インボイス（適格請求書）とは

1 インボイスの記載事項

インボイスは登録番号や消費税率、税額など、必要な情報を記載する必要があります。ただし、適格請求書発行事業者に登録されていたとしても、これらの情報を省略すると、取引先が仕入税額控除を受けられなくなる可能性があるので注意が必要です。また、インボイス制度に対応する場合は、新しいフォーマットの請求書を作成する必要があります。

2 請求書の保管期間が定められた主な法律

請求書は証憑書類であり、保存期間が法律で定められています。主な関連法は以下の通りです。

●消費税法

納税義務者や課税所得の範囲、税額の計算方法、申告や納付手続き、還付などに関する法律です。この法律は、消費税の適正な納税を行うために必要な事項を定めています。

●法人税法

法人に対する納税義務者や課税所得の範囲、税額の計算方法、申告や納付手続き、還付などに関する法律です。この法律は、法人が納税義務を適正に果たすために必要な事項を定めています。

●所得税法

納税義務者や課税所得の範囲、税額の計算方法、申告や納付手続き、還付、源泉徴収に関する事項などを定めた法律です。この法律は、所得税の納税義務を適正に果たすために必要な事項を規定しています。

37 電子帳簿保存法の対象となる書類

対象	種類	内容
電子帳簿保存	帳簿	●初めからコンピュータ処理で作られている帳簿類（総勘定元帳、仕訳帳など） ●補助簿は任意
	決算関係の書類	●損益計算書、貸借対照表、棚卸表など ●決算に関して作成されたその他の書類
スキャナ保存	重要書類	●契約書、納品書、請求書、領収書など （賃金の流れに連動・直結する書類）
	一般書類	●見積書、注文書、検収書など （賃金の流れに連動・直結しない書類）

38 個人事業主の主な帳簿書類の保存期間

	白色申告	青色申告
7年 保管	・**法定帳簿** 収入・経費に関する帳簿	・**帳簿**（全般） ・**決算関係書類** ・**領収書や請求書**など
5年 保管	・**任意で作成した帳簿** ・**書類**（全般）	・**見積書や注文書**など

適格請求書発行事業者の公表①

適格請求書発行事業者として登録された場合、その情報は国税庁のサイトで公開されます。また、登録状況の変更があった場合にも、同サイトで確認できます。ここでは、適格請求書発行事業者の情報は、どのような方法で公表されるのかを解説します。

1 適格請求書発行事業者の公表方法

適格請求書発行事業者の情報は、国税庁の「適格請求書発行事業者公表サイト」において公表されます。

また、適格請求書発行事業者の登録が取り消された場合又は効力を失った場合も、その年月日が「国税庁適格請求書発行事業者公表サイト」において公表されます。

2 具体的な公表内容

(1) 法定の公表事項

①適格請求書発行事業者の氏名又は名称

②法人については、本店又は主たる事務所の所在地

③特定国外事業者以外の国外事業者については、国内において行う資産の譲渡等に 係る事務所、事業所その他これらに準ずるものの所在地

④登録番号

⑤登録年月日

⑥登録取消年月日、登録失効年月日

(2) 本人の申し出に基づき追加で公表できる事項

「適格請求書発行事業者の公表事項の公表（変更）申出書」を提出

すれば、次の①②の情報を追加できます。

①個人事業者の「主たる屋号」、「主たる事務所の所在地等」

②人格のない社団等の「本店又は主たる事務所の所在地」

適格請求書発行事業者の情報の公表方法

法定の公表事項
① 適格請求書発行事業者の氏名又は名称
② 法人（人格のない社団等を除く）については、本店又は主たる事務所の所在地
③ 特定国外事業者以外の国外事業者については、国内において行う資産の譲渡等に係る事務所、事務所その他これらに準ずるものの所在地
④ 登録番号
⑤ 登録年月日
⑥ 登録取消年月日、登録失効年月日

公表事項の変更・追加
個人事業者の氏名を
　✓「住民票に併記されている外国人の通称」
　✓「住民票に併記されている旧氏（旧姓）」
として公表、または併記することを希望する場合

追加で公表できる次の事項
　✓個人事業者の「主たる屋号」「主たる事務所の所在地」
　✓人格のない社団等の「本店又は主たる事務所の所在地」
の追加を希望する場合

適格請求書発行事業者の公表事項の公表（変更）申出書

登録申請書と一緒に提出を‼

国税庁ホームページ
「適格請求書発行事業者の公表事項の公表（変更）申出書」
https://www.nta.go.jp/taxes/shiraberu/zeimokube
tsu/shohi/keigenzeiritsu/pdf/invoice_shinei11.pdf

12 適格請求書発行事業者の公表②

> インボイスの登録には、会社名（事業主名）の届出が必須で、登録した内容は「適格請求書発行事業者公表サイト」に一般公開されます。また、登録状況の変更があった場合にも、同サイトで公開されます。ここでは、プライバシー権の問題などを解説します。

1 プライバシー権を侵害される？

インボイス発行事業者の登録申請した、法人名や個人事業主の氏名、登録番号が国税庁の「適格請求書発行事業者公表サイト」で公開されます。さらに、任意で登録する住所や屋号、通称、旧姓なども自由にダウンロードでき「商用利用」も可能とされているため、プライバシーの侵害が懸念されています。

2 日本の情報公開はオープンすぎる!?

インボイスの登録番号で検索すると、芸名やペンネームで活動している人の本名や住所などが登録されていれば、それらの情報を手に入れることができます。このため、日本SF作家クラブや日本俳優連合など、多くの団体はプライバシーの侵害を懸念しています。一方、諸外国では、登録情報の公開範囲に制限が設けられている場合が多く、検索についても、EUや韓国では利用が制限されています。日本は諸外国に比べて、インボイスの登録情報の公開がオープンな状態にあると言えます。

適格請求書発行事業者の公表事項の公表（変更）申出書

収受印			
令和　年　月　日		（フリガナ）	
	申	納　税　地	（〒　　−　　　）
			（電話番号　　　−　　　−　　　）
	出	（フリガナ）	
		氏 名 又 は 名 称 及 び 代 表 者 氏 名	
_____ 税務署長殿	者	法 人 番 号	※ 個人の方は個人番号の記載は不要です。
		登 録 番 号	T

国税庁ホームページの公表事項について、下記の事項を追加（変更）し、公表することを希望します。

新たに公表する事項		新たに公表を希望する事項の□にレ印を付し記載してください。		
	個人事業者	□ 主 た る 屋 号	（フリガナ）	
		（複 数 あ る 場 合　任 意 の 一 つ）		
		□ 主 た る 事 務 所 の 所 在 地 等	（フリガナ）	
		（複 数 あ る 場 合　任 意 の 一 箇 所）		
		□ 通 称　□ 旧 姓（旧 氏）氏 名	いずれかの□にレ印を付し、通称又は旧姓（旧氏）を使用した氏名を記載してください。	
		（住民票に併記されている 通称又は旧姓（旧氏）に限る）	□ 氏名に代えて公表　□ 氏名と併記して公表	（フリガナ）
	人格のない社団等	□ 本 店 又 は 主 た る 事 務 所 の 所 在 地	（フリガナ）	

変更の内容		既に公表されている上記の事項について、公表内容の変更を希望する場合に記載してください。	
	変 更 年 月 日	令和　　　年　　　月　　　日	
	変 更 事 項	（個人事業者）　□ 屋号　□ 事務所の所在地等　□ 通称又は旧姓（旧氏）氏名　（人格のない社団等）　□ 本店又は主たる事務所の所在地	
	変 更 前	（フリガナ）	
	変 更 後	（フリガナ）	

※ 常用漢字等を使用して公表しますので、申出書に記載した文字と公表される文字とが異なる場合があります。

参 考 事 項	
税 理 士 署 名	（電話番号　　　−　　　−　　　）

税務署処理欄	整 理 番 号		部 門 番 号					
	申出年月日	年　月　日	入 力 処 理	年　月　日	番 号 確 認			

注意　1　記載要領等に留意の上、記載してください。
　　　2　税務署処理欄は、記載しないでください。

インボイス制度

13 適格返還請求書（返還インボイス）

適格返還請求書は、返品や値引きなどの理由で対価が返還される際に発行される書類です。適格請求書を発行する事業者は、商品の返品や値引きにより対価の返還を行う場合に、適格返還請求書を発行することが義務付けられています。

1 適格返還請求書とは

適格請求書発行事業者は、返品などの理由で対価を返還した場合、買い手に対して返還インボイスを発行する必要があります。返還インボイスを発行しないと、買い手は仕入税額控除の計算が適切にできなくなり、納付すべき消費税額が不当に少なくなってしまいます。

返還インボイスを発行しなかった場合、1年以下の懲役または50万円以下の罰金が科される可能性があるため、注意が必要です。

2 返還インボイスに必要な記載事項

返還インボイスに必要な記載事項は以下のとおりです。

①適格請求書発行事業者の氏名または名称、および登録番号

②対価の返還等を行う年月日、対価の返還等の基となった取引を行った年月日

③対価の返還等の取引内容

（軽減税率の対象品目である場合はその旨も記載）

④税率ごとに区分して合計した対価の返還等の金額

（税抜または税込）

⑤対価の返還等の金額に係る消費税額等または適用税率

41 適格返還請求書（返還インボイス）の記載例

記載事項②

記載事項④

××年 12 月 15 日

販売奨励金支払明細書

㈱○○御中

11 月分　21,800 円（税込）

取引日付	品名	奨励金金額
11/1	オレンジジュース　　＊	1,080 円
11/1	ビール	2,200 円
…	…	…
合計	21,800 円（消費税　1,800 円）	
10%対象	11,000 円	（消費税　1,000 円）
8%対象	10,800 円	（消費税　800 円）

＊印は軽減税率対象商品

△△商事㈱

登録番号 T1234567890123

記載事項③

記載事項①

「税率ごとに区分した消費税額等」
又は「適用税率」のどちらかを記載
＊両方記載することも可能です。

出典：国税庁「適格請求書等保存方式（インボイス制度）」の手引き」を元に作成

COLUMN
消費税の益税は存在しない!?

　政府や財務省、国税庁は、30 年以上にわたり、消費税は預かり金であり、免税事業者は消費者から預かった消費税を納税していないため、不当な益税を得ていると主張してきました。

　しかし、1990 年の最高裁判所判決では、消費税は預かり金ではなく、事業者が負担すべき税金であると認められました。つまり、消費税は消費者が負担するモノにかかる間接税ではなく、実は事業者の付加価値にかかる直接税で物価の一部なのです。この判決によって、免税事業者には、益税が存在しないと明らかになり、政府はこの判決を認めていますが、これまで、免税事業者に対する批判を避けるために、消費税を預かり金であると主張し続けてきました。

　しかし、2023 年 2 月 10 日に行われた衆議院内閣委員会の政府答弁によって「消費税は預かり金ではなく、免税事業者に益税が存在しない」ということが明言されました。しかし、まだまだ消費税に関する誤解や不透明さは広く存在するため、政府は積極的に啓発活動を行い、国民に正確な情報を提供することが求められています。

　政府は、消費税に関して、益税が存在しないことをはっきりと明言したため、インボイス導入根拠として政府が繰り返し主張してきたインボイス制度導入の根拠や必要性が薄れているのも事実です。益税と同様に、インボイス制度の導入についても、政府が国民に対して十分な説明を行うことが求められます。

　消費税は、国民にとって身近な税金であり、正確な理解が求められるものです。そのため、政府が透明性の高い説明を行うことで、国民がより正確な理解を得られるように努めることが大切だと考えます。

MEMO

消費税の仕組みを
知ろう

　現在、消費税率は通常10%ですが、食品（外食を除く）や
新聞の定期購読などには、軽減税率の8%が適用されていま
す。このように、2つの消費税率が混在する状況において、売
り手が正確な適用税率や消費税額などを買い手に伝えるため
の書類が、インボイス（適格請求書）なのです。

　消費税は、商品やサービスの取引に課される間接税であり、
経済活動の中で付加価値が生じるたびに徴収されます。消費
税の仕組みでは、課税対象となる取引に税金が課せられ、税
率に応じて消費者に負担が求められます。

　Chapter 3では、インボイス制度に密接に関連して、最も
身近な税金である消費税について、事業者が知っておくべき
ポイントや、把握しておくべき重要な要点をまとめました。

消費税について

インボイスとは、売り手が買い手に対して、正確な適用税率や消費税額等を伝えるものです。その消費税とは、商品やサービスの取引に伴って課せられる間接税の一種です。ここでは、消費税の仕組みや税率、納税の仕組みなどについて解説します。

1 消費税とは？

消費税とは、国や地方自治体が課する間接税の一種で、商品やサービスの取引に課されます。消費税は、商品やサービスの購入時に消費者が支払う税金であり、税収は国や地方自治体の歳入となり、さまざまな公共サービスの提供やインフラ整備などに活用されます。消費税は**付加価値税**とも呼ばれ、経済活動の中で付加価値が生じるたびに徴収される税金です。これにより、最終的な税負担は消費者に転嫁されることになります。消費税は、商品やサービスの価格に上乗せされて徴収され、日本では一般的な税率が10%、軽減税率が8%となっています。

2 消費税の仕組み

消費税は、課税事業者が取引において税額を徴収し、税務申告と納税を行うことで成り立っています。課税事業者は、商品やサービスの提供に対して税金を徴収し、税額を計算した上で税務申告を行い、納税義務を果たします。消費税の計算は、売上高から課税事業者が支払った仕入れにかかる消費税額を差し引いた額が納税額となります。

また、消費税は累進的な性格を持ち、高額な商品やサービスを利用するほど負担が大きくなります。

42 消費税の仕組み

消費税の仕組み

消費税は、売上げに係る消費税額から、仕入れに係る消費税額を控除し、その差額を納付することとされています。

製造業者	卸売業者	小売業者	消費者
（納税義務者）	（納税義務者）	（納税義務者）	

  5,500円（税500円）   7,700円（税700円）   11,000円（税1,000円）

消費税
500円 納税

消費税
200円 納税
500円

消費税
300円 納税
700円

最終的に
消費税1,000円を
消費者が負担

＊税率10%で計算

https://www.mof.go.jp/tax_policy/publication/brochure/zeisei0206/05.htm

43 直接税と間接税

税金の種類

租税の納め方による区分

直接税	間接税
税を納める人と負担する人が同じ税金	税を納める人と負担する人が異なる税金

https://www.ifinance.ne.jp/learn/tax/tax08.html

消費税の種類と税率

消費税の種類と税率について、一般的な税率や軽減税率、異なる税率が適用される商品やサービスの例などを解説します。

1 標準税率

標準税率とは、一般的な商品やサービスに適用される消費税率で、日本では現在10%です。この税率は、時代や経済状況によって変動することがあり、政府の財政政策や社会保障制度の充実などの目的で調整されます。

標準税率は、消費税収の大部分を占めるため、国の歳入に大きな影響を与えます。そのため、税率の変更は、国民経済や社会保障制度の運営にも影響を与える重要な政策決定となります。

2 軽減税率

軽減税率とは、特定の商品やサービスに対して標準税率よりも低い税率が適用される制度です。これは、生活必需品や社会的に重要なサービスを手頃な価格で提供し、庶民の生活負担を軽減することを目的としています。

日本では、2019年10月に消費税率が10%に引き上げられた際、食料品や新聞の定期購読に対して軽減税率が導入されました。これらの品目に対しては引き続き8%の税率が適用されることとなり、家計負担の増加を緩和する効果が期待されました。

軽減税率が適用されることで、家計の負担が緩和され、生活水準の維持が図られます。

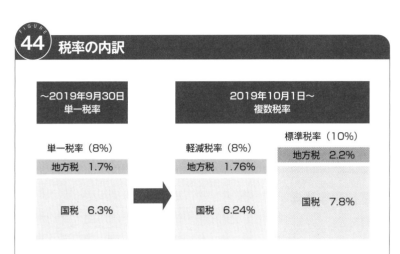

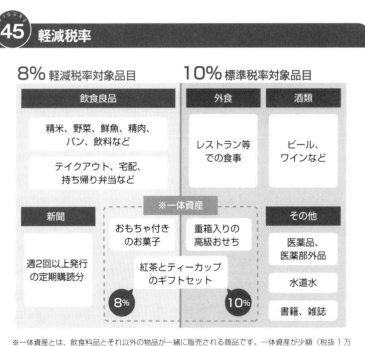

※一体資産とは、飲食料品とそれ以外の物品が一緒に販売される商品です。一体資産が少額（税抜1万円以下）で、かつ飲食料品の要素が2/3以上であるかどうかで、税率が判断されます。

https://www.yayoi-kk.co.jp/lawinfo/shouhizei/keigenzeiritsu/

消費税の納付者① 課税事業者

消費税の納付者とは、消費税を徴収し、政府に納めることが義務付けられている者を指します。主に課税事業者や輸入者が対象となります。ここでは、課税事業者について詳しく解説します。

1 課税事業者

　課税事業者とは、消費税が課税される商品やサービスを提供する事業者を指します。

　以下では、事例を交えながら課税事業者について解説します。

例1 レストラン経営者

　レストラン経営者は、基準期間における課税売上高が1,000万円を超える場合は、消費税の課税事業者となります。

　その場合、料理やドリンクの販売に対して消費税を徴収し、税務署に納税しなければなりません。また、仕入れた食材や調理器具にかかった消費税を仕入税額控除として計算し、納税額を調整することができます。

例2 小売店オーナー

　小売店オーナーも、基準期間における課税売上高が1,000万円を超える場合は、消費税の課税事業者となります。

　小売店オーナーは、商品の販売価格に消費税を加えて徴収し、税務署に納税しなければなりません。仕入れた商品や運営に必要な経費にかかった消費税も、仕入税額控除を活用して納税額の調整が可能です。

FIGURE 46 レストラン経営者

農家	レストラン	お客様

← **5,400円**（うち消費税 8% 400円） ← **11,000円**（うち消費税 10% 1,000円）

売上にかかる消費税額	−	仕入れにかかる消費税額	=	納める消費税額
1,000円		**400円**		**600円**

仕入税額控除

FIGURE 47 小売店オーナー

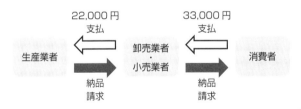

	22,000円 支払		33,000円 支払	
生産業者	←	卸売業者・小売業者	←	消費者
	納品 請求 →		納品 請求 →	

売上高　　20,000円	売上高　　30,000円	支払額　33,000円
仮受消費税　2,000円	仮受消費税　3,000円	
	仕入高　　20,000円	うち消費税負担額
	仮払消費税　2,000円	3,000円

消費税　　2,000円　　1,000円＝3,000円-2,000円
申告・納付　　　　　申告・納付

消費税の納付者② 輸入者

消費税の納付者とは、消費税を徴収し、政府に納めることが義務付けられている者を指します。主に課税事業者や輸入者が対象となります。ここでは、輸入者について詳しく解説します。

1 輸入者

輸入者とは、海外から商品を輸入し、国内で販売や使用する事業者や個人を指します。輸入者は、商品を輸入する際に輸入消費税を納付する義務があります。以下で、事例を交えながら輸入者について解説いたします。

●輸入食品販売業者

輸入食品販売業者は、海外からさまざまな食品を輸入し、国内で販売する事業者です。彼らは輸入商品にかかる輸入消費税を納付する責任があります。輸入された食品を国内で販売する際には、販売価格に消費税を加えて徴収し、税務署に納税する必要があります。

●電子機器の輸入業者

電子機器の輸入業者は、海外から電子機器を輸入し、国内市場で販売する事業者です。輸入された電子機器に対して輸入消費税を納付し、国内での販売時に消費税を徴収して税務署に納税します。仕入れにかかった消費税は、仕入税額控除を利用して納税額を調整できます。

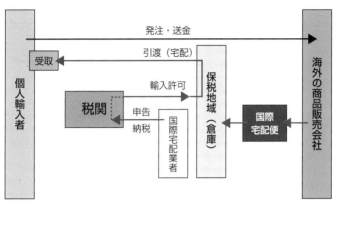

法人の消費税

法人の消費税について、法人事業者が負担すべき消費税の仕組みや計算方法、還付制度などについて解説いたします。

1 法人の消費税とは

法人の消費税とは、法人（会社や団体など）が国や地方自治体に納めるべき消費税のことを指します。法人は、商品やサービスを提供する際に消費税を顧客に請求し、その税額を国に納税することが求められます。

●法人消費税の仕組み

法人が商品やサービスを提供し、その対価として消費税を徴収します。その後、法人は徴収した消費税を国に納めることが求められます。一方、法人が他の事業者から商品やサービスを購入する際に支払う消費税（仕入税額）は、国に納める消費税から差し引くことができます。これを仕入税額控除と言います。

●法人消費税の計算方法

法人の消費税は「法人消費税 ＝ 売上税額 - 仕入税額」で計算されます。売上税額は、法人が顧客から徴収した消費税の合計です。仕入税額は、法人が仕入れた商品やサービスに支払った消費税の合計です。この差額が法人の消費税となります。

●法人消費税の納付方法

法人消費税は、消費税法に基づいて納税が行われます。法人は、通常、年間を通じて消費税の徴収と納付を行い、税務署に消費税申告書を提出することが求められます。また、一定の規模を超える法人は、四半期ごとに消費税の中間申告・納付が必要となります。

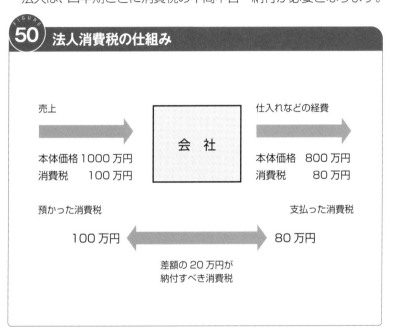

FIGURE
50 法人消費税の仕組み

売上　　　　　　　　　　　　　　　　　　仕入れなどの経費

会　社

本体価格 1000 万円　　　　　　　　　　　本体価格　800 万円
消費税　　 100 万円　　　　　　　　　　　消費税　　 80 万円

預かった消費税　　　　　　　　　　　　　支払った消費税

100 万円　　　　　　　　　　　　 80 万円

差額の 20 万円が
納付すべき消費税

法人消費税は、
売上税額から、
仕入税額を引いた
金額です。

CHAPTER 3-6

消費税の計算方法

売上金額に対する税額の算出方法や、課税売上と免税売上の取り扱いなどについて解説します。

1 消費税の計算

消費税は、商品やサービスの価格に対して一定の税率が適用される間接税です。消費税の計算方法は、税抜価格に税率を掛けることで算出できます。

●**標準税率の計算**

標準税率は、一般的な商品やサービスに適用される税率で、現在は10%です。計算方法は、税抜価格に標準税率（10%）を掛けることで求められます。

●**軽減税率の計算**

軽減税率は、生活必需品など特定の商品やサービスに適用される税率で、現在は8%です。計算方法は、税抜価格に軽減税率（8%）を掛けることで求められます。

●**税込価格の算出**

税込価格は、税抜価格に消費税額を加えた金額です。消費税額を計算した後、税抜価格に加えることで求められます。

●**端数処理**

消費税の計算結果が端数の場合、四捨五入、切り上げ、切り捨てなどの方法で処理されます。一般的には、四捨五入が用いられます。

FIGURE 51 消費税の計算方法

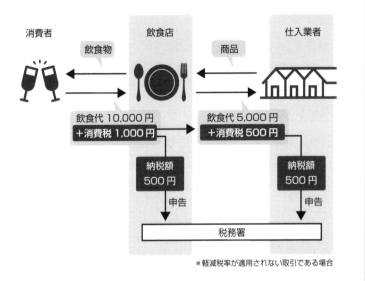

消費者 　飲食店 　仕入業者

飲食物 　商品

飲食代 10,000 円
＋消費税 1,000 円

飲食代 5,000 円
＋消費税 500 円

納税額
500 円

納税額
500 円

申告 　申告

税務署

＊軽減税率が適用されない取引である場合

FIGURE 52 消費税の端数処理

切り捨て
例：7.84 円→7 円

切り上げ
例：7.84 円→8 円

四捨五入
例：7.84 円→8 円

事業者が自由に選択できる

原則課税方式（一般課税方式）

原則課税方式について、消費税法に基づく基本的な課税方法
や、適用条件、メリットとデメリットについて解説します。

1 原則課税方式とは

原則課税方式とは、消費税の仕入税額控除において、一般的に適
用される消費税の控除方法です。この方式では、課税事業者が取引
先から受け取った消費税を、自身が納める消費税から控除すること
ができます。

原則課税方式における仕入税額控除は、課税事業者が支払った消
費税を、自身が納める消費税から差し引くことができる制度です。
これにより、課税事業者は、実際に負担すべき消費税のみを納める
ことができます。

原則課税方式は、課税事業者であれば基本的に適用されます。た
だし、一定の売上高以下の事業者は、簡易課税方式を選択すること
ができます。

2 原則課税方式のメリット

①仕入税額控除が適用されるため、実際に負担すべき消費税のみを
　納めることができます。

②仕入先との取引が円滑に行われる可能性が高まります。

③経理処理が容易になることがあります。

3 原則課税方式のデメリット

①納税申告書の作成が煩雑になることがあります。

②仕入れが少ない場合、簡易課税方式に比べて消費税負担が大きく
　なる可能性があります。

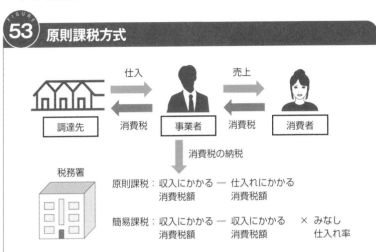

FIGURE 53 原則課税方式

仕入　　　　　　売上

調達先　消費税　事業者　消費税　消費者

消費税の納税

税務署

原則課税：収入にかかる ― 仕入れにかかる
　　　　　消費税額　　　　消費税額

簡易課税：収入にかかる ― 収入にかかる × みなし
　　　　　消費税額　　　　消費税額　　　仕入れ率

FIGURE 54 原則課税方式と簡易課税方式

原則課税方式（一般課税方式）

商品を売ったり、
サービスを提供した時
にお客様から預かった
消費税
―
商品や材料の仕入れ、
経費の支払い時に
支払った消費税

簡易課税方式

商品を売ったり、
サービスを提供した時
にお客様から預かった
消費税
―
商品を売ったり、
サービスを提供した時
にお客様から預かった
消費税
× みなし
仕入れ率

卸売業…90%
小売業…80%
製造業、農業、漁業、林業…70%
飲食店、保険、金融、他に分類されないもの…60%
サービス業…50%　不動産…40%

簡易課税方式

簡易課税方式について基本的な課税方法や仕組み、適用条件と
併せて、メリットとデメリットについて解説いたします。

1 簡易課税方式とは

簡易課税制度は、小規模事業者向けの消費税計算方法に関する特
例です。通常の課税取引では、受け取った消費税から支払った消費
税を差し引いた金額を納税する必要がありますが、簡易課税制度で
は、「受け取った消費税額×業種ごとの一定の割合 (みなし仕入率)」
を納税することができます。みなし仕入率は、事業の種類ごとに定
められており、売上高に応じて固定の控除率が適用されます。

2 簡易課税方式の事業区分

簡易課税方式では、事業の形態に応じて第1種から第6種までの
事業に区分されます。各事業にはそれぞれ割合が割り当てられてお
り、みなし仕入率を使って仕入控除の税額を計算します。以下にみ
なし仕入率と事業の例を示します。

第1種事業 (みなし仕入率：90%)：卸売業

第2種事業 (みなし仕入率：80%)：小売業 (製造小売業を除く)

第3種事業 (みなし仕入率：70%)：農業、林業、漁業、建設業、鉱
　　業、製造業 (製造小売業含む)、電気業、ガス業、熱供給業、水道業

第4種事業 (みなし仕入率：60%)：飲食店業など、他の事業に該
　　当しない事業

第5種事業 (みなし仕入率：50%)：金融・保険業、運輸・通信業、
　　サービス業 (飲食店業は除く)

第6種事業（みなし仕入率：40%）：不動産業

これらの**みなし仕入率**を適用し、課税売上に伴う消費税の金額からみなし仕入率を乗じた金額を差し引くことで、納付すべき消費税額が計算されます。課税売上高さえ分かれば、仕入れ額の詳細にかかわらず納税すべき消費税額が算出できるという仕組みです。

55 簡易課税方式の計算方法

小売業で売上が 2500 万円の場合

売上にかかる
消費税
2500万円×0.1
= **250**万円

|

売上にかかる
消費税 ×
みなし仕入率
2500万円×0.1
×80%（小売業）
= **200**万円

●みなし仕入率

卸売業（第1種事業）	90%
小売業、農林水産業 （食用）（第2種事業）	80%
農林水産業（非食用）、 製造業など（第3種事業）	70%
飲食業などとその他の 事業（第4種事業）	60%
サービス業など （第5種事業）	50%
不動産業（第6種事業）	40%

※消費税 10%で計算しています。

||

納める消費税額は **50万円**！

出典：https://sumoviva.jp/article/1000256 を元に作成

簡易課税方式の適用条件

簡易課税方式を選択できるのは、前年度の売上高が一定額以下の課税事業者です。この一定額は、法令により定められています。また、期限内に選択申告を行わなければなりません。

1 簡易課税方式のメリット

①手続きが簡単

簡易課税方式では、消費税額を売上高に一定の税率を掛けるだけで計算できるため、計算が簡単で手続きが容易です。

②仕入税額の計算不要

仕入れにかかる消費税額を計算しなくてもよいため、会計処理が複雑にならず、管理が容易です。

③税務の負担軽減

簡易課税方式では、税務上の負担が軽減されます。消費税の申告や納付がスムーズに行えることから、税務署との折衝も少なくなります。

2 簡易課税方式のデメリット

①消費税の還付が受けられない

簡易課税方式では、仕入れにかかる消費税の還付が受けられないため、仕入税額が大きい事業者にとっては不利です。

②課税総額の制限

簡易課税方式を選択できるのは、課税総額が一定額以下の事業者のみです。そのため、事業規模が拡大すると、簡易課税方式が適用できなくなることがあります。

③原則課税方式への切り替えが難しい

簡易課税方式から原則課税方式への切り替えは、税務上の手続き
が煩雑で、切り替え時期を誤ると二重課税のリスクがあります。

FIGURE 56 原則課税と簡易課税の違い

	原則課税（一般課税）	簡易課税
メリット	煩雑な事業区分が不要 ケースによっては還付の場合がある。	請求書の保存が不要 事務負担が軽減 適格請求書発行事業者の当否の確認が不要
デメリット	請求書の保存が必要 仕訳登録の際、課税か非課税かの判定が必要 適格請求書発行事業者の当否の確認が必要	事業の区分が煩雑 支払う消費税が多くなる可能性がある

https://www.y-itax.com/%E6%B6%88%E8%B2%BB%E7%A8%8E/16411/211005-invoice-kani-ippan-kento

FIGURE 57 簡易課税方式のメリット・デメリット

簡易課税方式のメリット	簡易課税方式のデメリット
1 手続きが簡単	1 消費税の還付が受けられない
2 仕入税額の計算不要	2 課税総額の制限
3 税務の負担軽減	3 原則課税方式への切り替えが難しい

91

消費税の会計処理

消費税の会計処理について、課税事業者が販売や購入の際に発生する消費税を正確に計算し、納付・申告について解説します。

1 消費税の負担と納付の流れ

①売上の計上

企業が商品やサービスを販売する際、売上金額に消費税を加算した額を売上原価として計上します。消費税額は、売上に対する消費税の税率を適用して算出します。

②仕入れの計上

企業が商品やサービスを仕入れる際、仕入れ金額に消費税を加算した額を仕入原価として計上します。仕入れに対する消費税額は、仕入れ金額に消費税の税率を適用して算出します。

③消費税の計上

売上に関する消費税額と仕入れに関する消費税額をそれぞれ計算し、消費税勘定に計上します。課税売上に対して税率を適用して算出し、仕入れに関する消費税額は、仕入れに対して税率を適用して算出します。

④仕入税額控除

仕入れに関する消費税額から、売上に関する消費税額を控除し、差額を支払消費税額として計算します。この差額が、企業が納める消費税額になります。

⑤消費税の納付

支払消費税額を国税庁に納付し、消費税勘定をクリアします。納付期限は、一般的に税期終了後2か月以内ですが、企業の規模や

納税状況によって変動することがあります。

⑥消費税の申告

消費税を納付する際には、消費税申告書を提出する必要があります。申告書には、売上に関する消費税額、仕入れに関する消費税額、仕入税額控除後の支払消費税額などが記載されます。

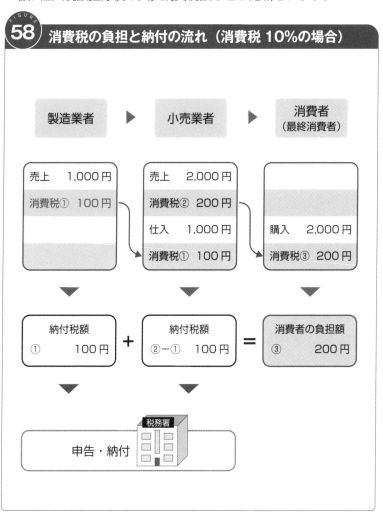

FIGURE 58 消費税の負担と納付の流れ（消費税 10%の場合）

| 製造業者 | ▶ | 小売業者 | ▶ | 消費者（最終消費者） |

製造業者
売上　1,000円
消費税①　100円

小売業者
売上　2,000円
消費税②　200円
仕入　1,000円
消費税①　100円

消費者
購入　2,000円
消費税③　200円

納付税額
①　　100円

＋

納付税額
②-①　100円

＝

消費者の負担額
③　　200円

税務署
申告・納付

消費税の会計処理の留意点

消費税の会計処理は、企業にとって重要なプロセスであり、正確さと適切さが求められます。企業は消費税法や税率の変更に留意し、適切な会計処理を行う必要があります。

1 消費税会計処理の留意点

消費税の会計処理においては、以下の5つのポイントに注意する必要があります。会計時にそれぞれを正確に処理することが重要です。

①税率の変更に対応

消費税の税率は政府の政策によって変更されることがあります。税率が変更された場合、企業は新しい税率に基づいて消費税の計算を行い、会計処理を適切に行う必要があります。

②軽減税率の適用

一部の商品やサービスには軽減税率が適用される場合があります。企業は、軽減税率が適用される取引について、正確な税率を適用し、消費税の計算を行う必要があります。

③免税取引の取り扱い

免税取引には、消費税が課税されない商品やサービスが含まれます。企業は、免税取引について、消費税の計算を行わず、会計処理を適切に行う必要があります。

④税務調査への対応

税務当局から税務調査が行われることがあります。企業は、適切な消費税の会計処理を行い、税務調査への対応を円滑に進めることが求められます。

⑤消費税の還付申請

企業が支払う消費税額が、受け取る消費税額よりも少ない場合、還付を受けることができます。企業は、適切な手続きを行い、消費税の還付を受けることができます。

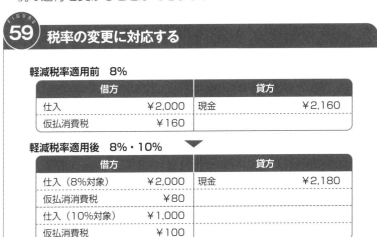

FIGURE 59　税率の変更に対応する

軽減税率適用前　8%

借方		貸方	
仕入	¥2,000	現金	¥2,160
仮払消費税	¥160		

軽減税率適用後　8%・10%

借方		貸方	
仕入（8%対象）	¥2,000	現金	¥2,180
仮払消費税	¥80		
仕入（10%対象）	¥1,000		
仮払消費税	¥100		

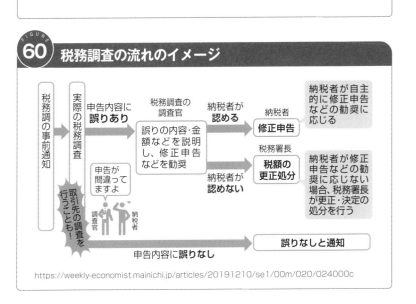

FIGURE 60　税務調査の流れのイメージ

税務調査の事前通知 → 実際の税務調査

申告内容に**誤りあり** → 税務調査の調査官 → 誤りの内容・金額などを説明し、修正申告などを勧奨

納税者が**認める** → 納税者 **修正申告** → 納税者が自主的に修正申告などの勧奨に応じる

納税者が**認めない** → 税務署長 **税額の更正処分** → 納税者が修正申告などの勧奨に応じない場合、税務署長が更正・決定の処分を行う

申告が間違ってますよ　調査官　納税者

取引先の調査を行うことも！

申告内容に**誤りなし** → **誤りなしと通知**

https://weekly-economist.mainichi.jp/articles/20191210/se1/00m/020/024000c

税抜処理と税込処理

消費税には税抜処理と税込処理があります。それぞれの仕組み
と採用するポイントについて解説いたします。

1 税抜処理（税抜経理）

税抜処理は、取引価格から消費税を別途計算し、それぞれを明確
に区別する方法です。商品やサービスの基本価格（税抜価格）に消費
税を加えて、最終的な販売価格（税込価格）を求めます。

●税抜処理を採用するポイント

・国際取引を行う企業で、異なる消費税率が適用される場合

・消費税率が変更される可能性がある業界

・業界標準として税抜表示が一般的な場合

2 税込処理（税込経理）

税込処理は、取引価格に消費税が含まれているものとして扱う方
法です。この方法では、商品やサービスの販売価格（税込価格）から
消費税を逆算して、基本価格（税抜価格）と消費税額を求めます。

●税込処理を採用するポイント

・最終消費者向けの販売を行う企業

・消費者に対して価格の透明性を高めたい場合

・法規制により税込表示が義務付けられている場合

企業は、税抜処理と税込処理を適切に使い分けることで、顧客に

対する価格訴求力を向上させることができます。正確な消費税の計算と会計処理によって、税務上のトラブルを避けられます。

FIGURE 61 「税込経理」と「税抜経理」の違い

| 税抜売上 | 1,500,000 円 | 消費税 ×10%＝150,000 円 |

| 税込売上 | 1,650,000 円 |

| 税抜原価 | 1,200,000 円 | 消費税 ×10%＝120.000 円 |

| 税込原価 | 1,320,000 円 |

1日の取引

税込経理で考えた場合

税込売上：	1,650,000 円
税込原価：	1,320,000 円
税込利益：	330,000 円

＊消費税額は決算時にまとめて計算
＊決算時だけ消費税額を利益から減算

税抜経理で考えた場合

税抜売上：	1,500,000 円
税抜原価：	1,200,000 円
税抜利益：	300,000 円
仮受消費税：	150,000 円
仮払消費税：	120,000 円
納付すべき消費税額：	30,000 円

出典：https://bixid.net/Blog/Article/20220127

消費税の納税方法

消費税の納税方法について、解説いたします。

1 納税の基本的な流れ

納税について、基本的な流れをご紹介します。

①課税事業者は、所得税法に基づく事業年度における消費税額を計算し、確定申告書に記載します。

②確定申告期間内に、所轄の税務署に確定申告書を提出します。

③確定申告書に記載された消費税額を、納税期限内に納付します。

●分割納税

消費税の納税額が一定額を超える場合、分割納税が認められます。分割納税を選択することで、納税の負担を軽減することができます。分割納税を利用するためには、所轄の税務署に事前に申請する必要があります。

●納税の期限

消費税の納税期限は、確定申告期間の終了日から2か月以内です。ただし、分割納税を選択した場合、納税期限は異なります。

●納税方法

消費税の納付は、税務署窓口での現金納付や銀行振込、インターネットバンキングなど、複数の方法が用意されています。事業者は、自分に合った方法で納税を行いましょう。

●繰越欠損金の活用

消費税の納税額が所得税の欠損金と相殺できる場合、繰越欠損金

を活用して納税額を減らすことができます。繰越欠損金を利用するためには、確定申告書に記載して申告する必要があります。

FIGURE 62 消費税の納付書の書き方

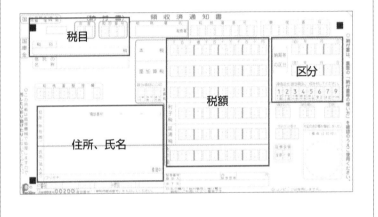

FIGURE 63 納付する消費税の額

■一般的な消費税の納付税額の計算方法

$$
\text{課税期間中の課税売上げに係る消費税額} - \text{課税期間中の課税仕入れに係る消費税額} = \text{消費税の納付税額}
$$

■地方消費税の納付税額の計算方法

$$
\text{消費税の納付税額} \times \text{地方消費税率} = \text{地方消費税の納付税額}
$$

14 消費税の申告方法

消費税の申告は、課税事業者が所得税法に基づく事業年度における消費税額を計算し、所轄の税務署に提出する手続きです。

1 確定申告の手続き

確定申告の手続きは、次のようになります。

①消費税額の計算

課税事業者は、所得税法に基づく事業年度における課税売上高と仕入税額控除額を計算し、消費税額を算出します。

②確定申告書の作成

消費税額を記載した確定申告書を作成します。申告書には、所得税法に基づく事業年度、課税売上高、仕入税額控除額、消費税額などが記載されます。

③確定申告書の提出

所轄の税務署に確定申告書を提出します。提出期限は、所得税法に基づく事業年度の翌年の3月15日までです。

●消費税の還付申告

①還付申告の対象

仕入税額控除額が課税売上高による消費税額を上回る場合、課税事業者は消費税の還付を受けることができます。

②還付申告書の作成

消費税の還付を受けるためには、還付申告書を作成し、所轄の税務署に提出する必要があります。

③還付申告書の提出

所轄の税務署に還付申告書を提出します。提出期限は、所得税法に基づく事業年度の翌年の3月15日までです。

FIGURE
64 消費税申告書

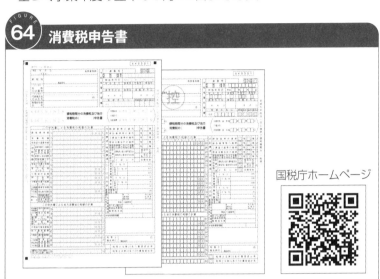

国税庁ホームページ

FIGURE
65 消費税の還付申告に関する明細書

国税庁ホームページ

確定申告の提出方法

確定申告書の提出方法には、お手持ちのスマートフォン・パソコンで自宅などから「e-Tax」で送信（提出）をする方法と郵便等により住所地等の所轄税務署へ送付する、または所轄税務署の窓口（確定申告会場）で提出する方法があります。

1 「e-Tax」とは？

スマートフォンやパソコンをお持ちの方は、自宅からの**e-Tax（国税電子申告・納税システム）**がおすすめです。e-Taxは、インターネットを通じて確定申告や納税などの手続きを行うことができるシステムです。利用者登録をすると、どなたでも自宅からスマートフォンやパソコンを使ってe-Taxを利用することができます。

2 オンライン申告の活用

①e-Taxの利用

国税庁が提供する電子申告・納税システム「e-Tax」を利用することで、消費税の申告手続きをオンラインで行うことができます。

②e-Taxへの登録

e-Taxを利用するためには、まず国税庁のウェブサイトからユーザー登録を行います。登録が完了すると、ログインIDとパスワードが発行されます。

③オンライン申告

e-Taxにログインし、所得税法に基づく事業年度における消費税額を記載した確定申告書を作成し、オンラインで提出します。オンライン申告で、提出手続きが簡素化され、手間が軽減されます。

FIGURE 66 「e-Tax」5つのメリット

税務署への
持参

不要

印刷・郵送代

不要

添付書類

不要

＊一部書類は除きます。

確定申告期間の
利用可能時間

24時間
いつでも

還付金

早期還付

3週間程度で還付！
書面提出の場合は
1か月～1か月半
程度で還付

＊メンテナンス時間を除きます。

FIGURE 67 e-Tax による送信の方法は？

マイナンバーカードを使って送信！

用意するものは2つ！

①マイナンバーカード

②マイナンバーカード読取対応のスマートフォン又は
IC カードリーダライタ

消費税の確定申告と各種届出

消費税の確定申告と各種届出について解説します。

1 消費税の確定申告

確定申告は、基本的に課税事業者が1年間（通常は4月1日から翌年3月31日まで）に発生した消費税の収益と支払いに関する情報を税務署に提出するものです。

●課税事業者の届出

事業を開始した際に、消費税の課税事業者として届出をします。

●免税事業者の届出

免税事業者となる資格がある場合には、届出が求められます。

●事業の廃止・事業所の移転などの届出

事業を廃止・移転したりする場合に、届出をします。

●軽減税率適用の届出

軽減税率が適用される事業者の場合、届出をします。

●簡易課税制度の届出

簡易課税制度を利用する場合、届出を行う必要があります。

●税務代理人の届出

事業者が税務代理人を利用する場合、届出を行う必要があります。

●改廃届出

事業の廃止や事業所の移転・変更の場合は、届出が必要です。

●海外事業者の消費税届出

海外事業者が日本国内で消費税の対象となるサービスを提供する場合、届出を行う必要があります。

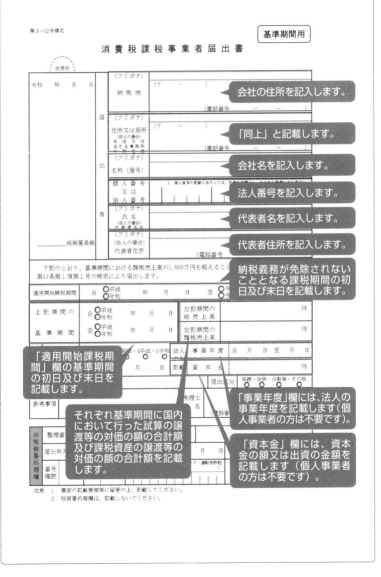

COLUMN
インボイス制度で電気代値上げ!?

2023年10月1日に消費税の「インボイス制度」が施行されることで、電気代が上がることが予想されています。このような事態が起こる理由は、FIT（**固定価格買取制度**）と関係しています。

FITでは、余剰電力を販売する「売電業者」が多数存在しますが、これらの業者は消費税の「免税事業者」に分類されます。一方、大手電力会社は基本的には「仕入税額控除」を行うことができ、消費税を納める必要があります。

しかし、インボイス制度が施行されると、電力会社は売電業者からのインボイスを受け取れず「仕入税額控除」ができなくなるため、損失が発生します。

この損失をカバーするために、電気料金値上げが検討されています。具体的には、再エネ賦課金に上乗せすることで一般契約者から徴収するという案が出ています。電気代の値上げの総額は58億円以上と算出されており、インボイス制度が施行されると、さらに大きな金額になる可能性があります。

ただし、この問題には、大手電力会社だけが仕入税額控除の損失を電気料金への転嫁することになると、他の事業者との間で公平性を欠くという問題があります。この点については、今後も議論が続くことでしょう。

インボイス制度が施行されることによって、消費者にとってどのような影響が出るか注目が集まっています。今後の動向に注目したいところです。

新ルールで何が変わる？

　インボイス制度は、2019年10月に行われた消費税引き
上げや軽減税率導入に伴い、日本国内での消費税の管理をよ
り効率的に行うために導入されます。この制度は、課税事業
者と免税事業者の双方に大きな影響を与え、金銭的な負担を
強いる可能性もありますので制度が開始されるまでに、必要
な準備を進めることが重要です。

　ここでは、インボイス制度のもたらす影響や対応策につい
てわかりやすく解説していきます。

インボイス制度の改正ポイント

課税事業者になるために必要な申請について、制度を理解して、しっかり準備を進めていきましょう。

1 新ルール3つのポイント

①請求書の記載項目の追加

適格請求書（インボイス）に必要な項目が追加されました。仕入税額控除に対応するため、請求書・領収書・納品書・レシートが適格請求書の要件を満たす必要があります。

②適格請求書発行事業者への登録が必要

インボイスの発行事業者には、**適格請求書発行事業者の登録申請書**の提出が必要です。税務署に提出し、登録された後に「適格請求書発行事業者」となります。

③請求書の保存が受領側と発行側にも義務付けられる

請求書には「取引先へ送付する請求書」と「取引先から受け取る請求書」の2種類があります。税法上の規定により、受け取った請求書の原本は保存しなければなりませんが、請求書を発行した側には保存義務はありませんでした。

しかし、インボイス制度導入後は、インボイスの発行側も受領側も、7年間インボイスを保存する必要があります。データとして保存する場合は、**電子帳簿保存法**に対応する必要があります。したがって、今から電子帳簿保存法に対応しておくことを推奨します。

FIGURE 69 適格請求書発行事業者への登録が必要

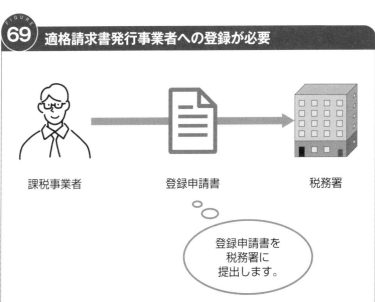

課税事業者　　　　　登録申請書　　　　　税務署

登録申請書を
税務署に
提出します。

FIGURE 70 請求書の保存が発行側にも義務付けられる

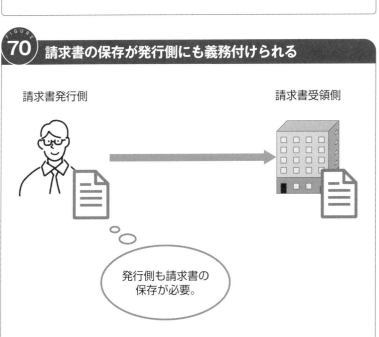

請求書発行側　　　　　　　　　　　請求書受領側

発行側も請求書の
保存が必要。

CHAPTER 4 新ルールで何が変わる?

インボイス制度導入による影響①

インボイス制度が導入されることにより、どのような人にどういった影響があるのか解説いたします。

1 インボイス制度導入による影響と対策

インボイス制度が導入された後、仕入税額控除の適用は、適格請求書が発行された取引に限られます。適格請求書を発行できるのは、適格請求書発行事業者として登録された課税事業者に限られますので、適格請求書を発行できない免税事業者との取引では、課税事業者は仕入額控除の適用ができなくなります。

この問題に対しては、免税事業者が課税事業者になることが解決策として挙げられます。課税事業者になるためには、**消費税課税事業者選択届出書**を税務署に提出する必要があります。

ただし、課税事業者になると消費税の納税義務が発生します。また、すぐには免税事業者に戻ることができないため、慎重に検討する必要があります。

2 インボイス制度導入による影響を受ける人

インボイス制度は、免税事業者が課税事業者と取引を行っている場合に大きな影響を及ぼします。国税庁によると免税事業者のうち約75%が個人事業主であり、法人含めて約424万人います。このうち、370万人以上が課税事業者となり、インボイス制度の対象となると見込まれています。影響を受ける業種は多岐にわたり、個人事業主やフリーランスの個人タクシーやイラストレーター、デザイナー、教室経営者、保険代理店、工事請負業者などが含まれます。

71 インボイス制度による影響

課税事業者に発注した場合

仕入税額控除を受けるために

☑インボイスの発行依頼が必要

☑発行されたインボイスは保存が必要

↓ 発注

課税事業者
(インボイス発行可)

課税事業者への影響

発注先に求められた場合…
☑インボイスを発行する必要あり
☑インボイスの写しの保存が義務

インボイスを発行するためには…
☑消費税の課税事業者を選択
☑適格請求書発行事業者へ登録
☑インボイス対応のシステム導入

免税事業者に発注した場合

インボイスの発行ができず
消費税の仕入税額控除が
受けられない

↓

仕入れにかかった消費税を発注者が
納税しなければならない

↓ 発注

免税事業者
(インボイス発行不可)

免税事業者への影響

インボイスを発行できない
↓
発注者が仕入税額控除の適用を
受けられない
↓
仕事受注の面で課税事業者よりも
不利になる可能性あり

出典:https://prolab.play-company.jp/2544/

370万人以上が影響を受けると
見込まれています。

インボイス制度導入による影響②

インボイス制度が導入されることにより、課税事業者や免税事業者にどういった影響があるのか、解説いたします。

1 インボイス制度での影響

インボイス制度が導入されると、課税事業者は取引先からインボイスの発行を求められたり、インボイスの控えを保存したりするなどの義務が生じます。また、買い手も消費税の仕入税額控除を受けるためには、帳簿とインボイスを保存する必要があります。これらの変更により、課税事業者の経理事務の作業量が増加する可能性があります。課税事業者は、インボイス制度への変更に早めに対応し、経理事務の効率化を図ることが重要です。具体的には、適切なシステムを導入したり、従業員への教育を実施したりすることで、インボイス制度への対応をスムーズに行うことができます。

2 インボイス制度適用範囲

インボイスの必要性は、売り手または買い手が適格請求書発行事業者であるかと、買い手が課税事業者であるかによって異なります。適格請求書発行事業者から買い手にインボイスが発行される場合、買い手は消費税の仕入税額控除を受けることができます。ただし、買い手が免税事業者である場合は、仕入税額控除は適用されません。インボイス制度は、消費税の仕入税額控除を正確に行うことを目的とした制度です。適格請求書発行事業者から買い手に対してインボイスが発行されることで、買い手は仕入税額控除を正確に行うことができるようになります。

72 インボイス制度導入フローチャート

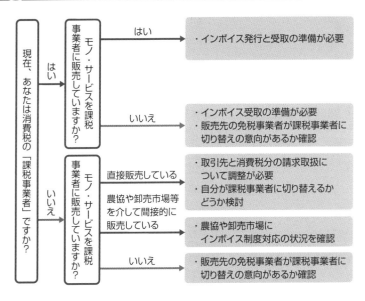

出典：https://invox.jp/invoice-perfect-guide#i-8 を元に作成

73 インボイス制度適用範囲

		買い手（売上先）のパターン		
		免税事業者	課税事業者	課税事業者だが簡易課税制度利用
売り手（仕入先）のパターン	適格請求書発行事業者課税事業者	インボイス不要	インボイス必要	インボイス不要
	免税事業者	インボイス不要	インボイス発行なし ・買い手は経過措置を利用 ・買い手は売り手に取引条件など交渉	インボイス不要

113

免税事業者と課税事業者の影響

売上によって課税事業になるか免税事業者かを選択する必要が
あります。その条件や影響について解説します。

1 課税事業者となって消費税を納めるか選択する

従来は、資本金が1,000万円未満で特定期間の売上額が1,000
万円以下の事業者は、消費税を支払う必要がありませんでした。し
かし、インボイス制度が導入されたあとは、年間売上高が1,000万
円以下の事業者でも、課税事業者となって消費税を納めるか、ある
いは免税事業者のままでいるかを選択しなければなりません。

課税事業者（適格請求書発行事業者）となれば、原則すべての消費
税の納税が免除される規定がなくなります。

2 免税事業者と課税事業者の影響

インボイス制度の導入で、免税事業者と取引する課税事業者は、仕
入税額控除の適用を受けることができなくなります。その場合、取引
先は購入した商品やサービスにかかる消費税を控除できず、課税事
業者が消費税を負担しなければなりません。

したがって、免税事業者は課税事業者にならない限り、既存の取引
が継続できなかったり、売上が減少する可能性があります。業界や売
上高によって異なりますが、多くの免税事業者にとっては課税事業
者に転換する方が得策かもしれません。このように、インボイス制度
への対応は、取引先との円滑なビジネス運営のために必要なことと
言えます。

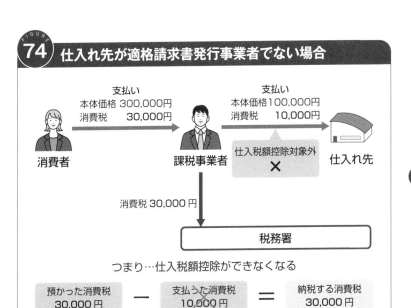

FIGURE 74 仕入れ先が適格請求書発行事業者でない場合

支払い
本体価格 300,000円
消費税 　30,000円

支払い
本体価格 100,000円
消費税 　10,000円

消費者　　　　　　　課税事業者　　　　　　　仕入れ先

仕入税額控除対象外 ×

消費税 30,000 円

税務署

つまり…仕入税額控除ができなくなる

| 預かった消費税 30,000 円 | − | 支払った消費税 10,000 円 | = | 納税する消費税 30,000 円 |

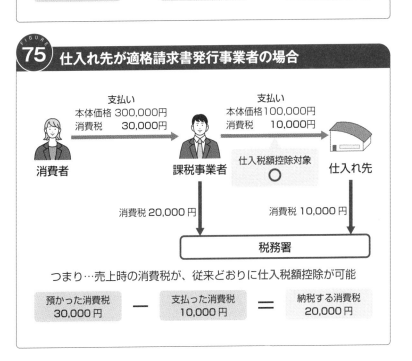

FIGURE 75 仕入れ先が適格請求書発行事業者の場合

支払い
本体価格 300,000円
消費税 　30,000円

支払い
本体価格 100,000円
消費税 　10,000円

消費者　　　　　　　課税事業者　　　　　　　仕入れ先

仕入税額控除対象 ○

消費税 20,000 円　　　　　　消費税 10,000 円

税務署

つまり…売上時の消費税が、従来どおりに仕入税額控除が可能

| 預かった消費税 30,000 円 | − | 支払った消費税 10,000 円 | = | 納税する消費税 20,000 円 |

簡易課税方式と原則課税方式の影響

簡易課税方式と原則課税方式（一般課税方式）がどのように課税事業者へ影響があるのかについて解説いたします。

1 「簡易課税方式」の課税事業者への影響

簡易課税方式は、消費税を受け取った金額に一定の割合をかけて納税額を計算する簡便な制度で、課税売上が５千万円以下の中小企業に適用されます。この制度を利用する事業者は、消費税の受け取り金額が分かれば納税額が簡単に計算できるため、インボイス制度の影響はほとんど受けないと考えられます。

また、この制度を利用する事業者は、取引先に対してもインボイスを付与することができ、免税事業者との取引でもインボイスの交付を求める必要がないため、取引がスムーズに行えます。

2 「原則課税方式」の課税事業者への影響

原則課税方式は、消費税を受け取った金額から実際に支払った消費税を差し引いて納税額を計算する方法です。この方法は、実際の差額を計算する方法になります。

しかし、インボイス制度が導入されることで、以前取引していた業者が課税事業者にならない場合は、仕入税額控除が適用できなくなるため、原則課税方式の事業者は、大きな影響を受けると予想されます。

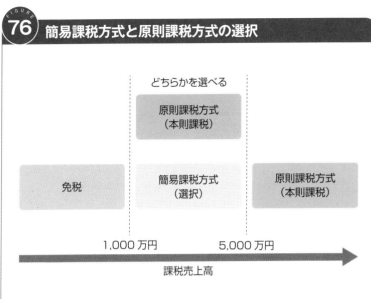

FIGURE 76 簡易課税方式と原則課税方式の選択

どちらかを選べる

原則課税方式
（本則課税）

| 免税 | 簡易課税方式（選択） | 原則課税方式（本則課税） |

1,000万円　　　　5,000万円

課税売上高

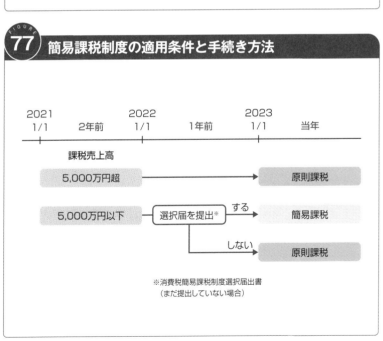

FIGURE 77 簡易課税制度の適用条件と手続き方法

2021　1/1　　2年前　　2022　1/1　　1年前　　2023　1/1　　当年

課税売上高

5,000万円超 ───→ 原則課税

5,000万円以下 ─→ 選択届を提出※ ─ する →　簡易課税
　　　　　　　　　　　　　　　─ しない →　原則課税

※消費税簡易課税制度選択届出書
（まだ提出していない場合）

CHAPTER 4 新ルールで何が変わる？

売上への影響と注意すべき問題

インボイス制度が与える売上への影響について解説します。

1 インボイス制度による売上の影響

インボイス制度の導入により、1年間の課税売上高が1,000万円に満たない「免税事業者」には、2つの選択肢があります。

①免税事業者のままで継続する

ただし、取引先から仕事が打ち切られる可能性があります。

②課税事業者に転換する

ただし、消費税の納税義務が生じ、売上額減の可能性があります。

このように、どちらを選択するかは取引先との関係や事業規模などを考慮して、慎重に検討する必要があります。

2 独禁法や下請法の違反になる恐れ

法律により、事業者間の取引は基本的に自由ですが、インボイス制度の導入により、買い手が仕入れ先に対して一方的に低い取引価格を設定するなど、不当な取引行為が問題とされています。また、課税事業者は取引先に、免税事業者から課税事業者になることを求める場合があります。国税庁は、課税事業者になるよう呼びかけること自体は問題ないとしていますが、一方的な通告や価格交渉の場での強制的な価格設定などは、独占禁止法違反となる可能性があるとしています。さらに、取引完了後に免税事業者であることが判明し、消費税相当額を支払わないことは、下請法違反となります。

78 消費税相当額の金額の一部または全額を支払わないとした場合

①契約

契約書　報酬総額 11万円

下請事業者A
(個人事業者)　親事業者

②取引完了後…

請求書　総額 11万円

免税事業者　インボイス番号なし

③よく見ると…

この請求書はインボイス番号がないから
Aさんは免税事業者ということか!

インボイス番号なし

④結果…

Aさん、あなた免税事業者なら、
消費税相当額は払えません

そ、そんなぁ…

出典:インボイス制度後の免税事業者との取引に係る下請法等の考え方(中小企業庁)を元に作成

請求書や領収書の変更点

インボイス制度によって、請求書や領収書の記載事項や保存方法が変更されます。ここでは具体的な変更点について解説します。

1 請求書や領収書などが変わる

①適格請求書（インボイス）の発行

インボイス制度の導入により、課税事業者は適格請求書（インボイス）を発行することが求められます。適格請求書には、消費税額が明確に記載され、取引の詳細が分かるようになります。

②請求書の情報内容

適格請求書には、発行者・受取人の情報、商品やサービスの内容、取引日、請求書番号、消費税額など、従来の請求書に比べて詳細な情報が記載されることになります。

③消費税の明確な表示

従来の請求書では、消費税が含まれている場合でも、明確に表示されていないことがありました。インボイス制度導入後の適格請求書では、消費税が個別に明確に表示されるようになります。

④適格請求書の受領時の確認

受け取った適格請求書については、内容を確認し、誤りや不備がないかどうかをチェックすることが求められます。不備があった場合は、発行者に対して修正を依頼する必要があります。

これらの変更で、課税事業者や免税事業者は、より正確で透明性の高い請求書や領収書などの取り扱いが求められます。

FIGURE 79　領収書の例

領収書

No. 17
発行日　2023/10/19

適格　太郎　様

¥76,800-

但し食品（軽減税率対象）、雑貨代金として
上記正に領収いたしました。

内訳

税率	税抜金額	¥60,000
10%	消費税額	¥ 6,000
税率	税抜金額	¥10,000
8%	消費税額	¥ 800

株式会社○○　印
〒123-4567
東京都江東区東陽2-2
電話:987-6543-210
登録番号：T1234567890123

収入印紙
200円 印

FIGURE 80　レシートの例

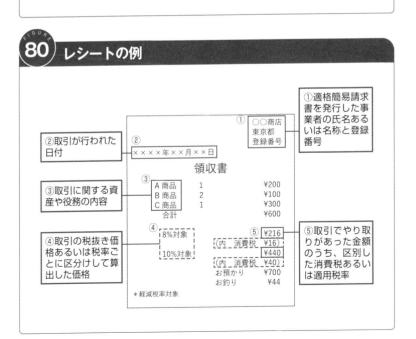

①適格簡易請求書を発行した事業者の氏名あるいは名称と登録番号

②取引が行われた日付

③取引に関する資産や役務の内容

④取引の税抜き価格あるいは税率ごとに区分けして算出した価格

⑤取引でやり取りがあった金額のうち、区別した消費税あるいは適用税率

① ○○商店
東京都
登録番号

② ×××年××月××日

領収書

③
A 商品	1	¥200
B 商品	2	¥100
C 商品	1	¥300
合計		¥600

④ 8%対象
10%対象

⑤ ¥216
（内　消費税　¥16）
¥440
（内　消費税　¥40）
お預かり　¥700
お釣り　¥44

＊軽減税率対象

交付した適格請求書に誤りがあった場合の対応

適格請求書を発行する責任がある事業者は、誤った情報を発行してしまった場合には、修正された適格請求書、適格簡易請求書、または返還請求書を買い手である課税事業者に交付しなければなりません。ここでは、交付した適格請求書に誤りがあった場合の対応について解説いたします。

1 適格請求書に誤りがあった場合の対応

適格請求書発行事業者が記載事項に誤りのある適格請求書を発行した場合、売り手は買い手に対して修正された適格請求書を発行する必要があります。買い手は、自ら追記や修正を行ってはいけません。また、最初の適格請求書の写しと修正した適格請求書の写しの両方の保存が必要となります。

2 修正した適格請求書の交付方法

適格請求書発行事業者が適格請求書、適格簡易請求書、または適格返還請求書を提供した場合 (電子的に提供した場合も含む)、これらの書類に誤りがある場合は、提供先に修正版を提供しなければなりません。修正する方法には、以下の方法が考えられます。

① 誤りがあった事項を修正し、改めて記載事項のすべてを記載したものを交付する方法
② 当初に交付したものとの関連性を明らかにし、修正した事項を明示したものを交付する方法

81 適格請求書に誤りがあった場合の対応

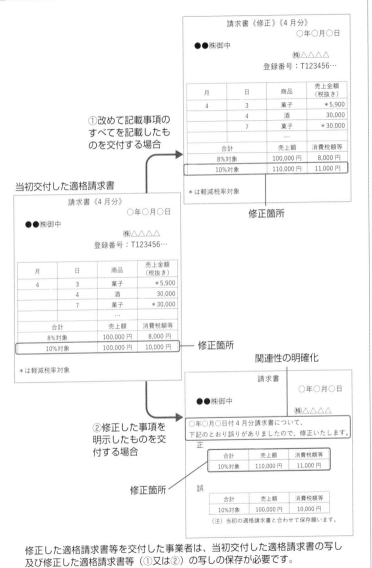

請求書《修正》《4月分》
○年○月○日

●●㈱御中

㈱△△△△
登録番号：T123456…

月	日	商品	売上金額（税抜き）
4	3	菓子	＊5,900
	4	酒	30,000
	7	菓子	＊30,000
		…	
合計		売上額	消費税額等
8%対象		100,000円	8,000円
10%対象		110,000円	11,000円

＊は軽減税率対象

修正箇所

①改めて記載事項の
すべてを記載したも
のを交付する場合

当初交付した適格請求書

請求書《4月分》
○年○月○日

●●㈱御中

㈱△△△△
登録番号：T123456…

月	日	商品	売上金額（税抜き）
4	3	菓子	＊5,900
	4	酒	30,000
	7	菓子	＊30,000
		…	
合計		売上額	消費税額等
8%対象		100,000円	8,000円
10%対象		100,000円	10,000円

＊は軽減税率対象

— 修正箇所

関連性の明確化

②修正した事項を
明示したものを交
付する場合

請求書
○年○月○日

●●㈱御中

㈱△△△△

○年○月○日付4月分請求書について、
下記のとおり誤りがありましたので、修正いたします。

正

合計	売上額	消費税額等
10%対象	110,000円	11,000円

誤

合計	売上額	消費税額等
10%対象	100,000円	10,000円

（注）当初の適格請求書と合わせて保存願います。

修正箇所

修正した適格請求書等を交付した事業者は、当初交付した適格請求書の写し
及び修正した適格請求書等（①又は②）の写しの保存が必要です。

CHAPTER 4
9 適格請求書等に誤りがあった場合の対応

従来の手続きと違い、インボイス制度導入後は、買い手は適格請求書等に誤りがあった場合、自分で修正や追記をすることはしてはいけません。

1 適格請求書等に誤りがあった場合の「買い手側」の対応

買い手側は、誤った情報を含むインボイスを受け取った場合、次の3つのいずれかの方法で修正していきます。

①売り手側（インボイス発行業者）に修正されたインボイスを要求し、修正されたインボイスを保存する。

②売り手側に、修正した箇所を明示した書類を発行してもらい保存する。

③買い手側が、インボイス記載事項の誤りを記載した「仕入明細書」を作成し、売り手側に確認を受ける。

売り手側によって確認された場合でも、仕入税額控除の適用のためには、保存が必要な請求書等に該当します。なので、修正した仕入明細書等は保存しなければなりません。

2 適格請求書等に誤りがあった場合の「売り手側」の対応

売り手側は、誤った情報を含むインボイスを渡してしまった場合、次の3つのいずれかの方法で修正していきます。

①買い手側に、修正したインボイスを再発行する。

②買い手側に、修正した箇所を明示した書類を発行する。

③買い手側が、インボイス記載事項の誤りを記載した「仕入明細書」を確認して了承する。

仕入明細書を確認すれば、改めて修正したインボイスを発行する必要はありません。

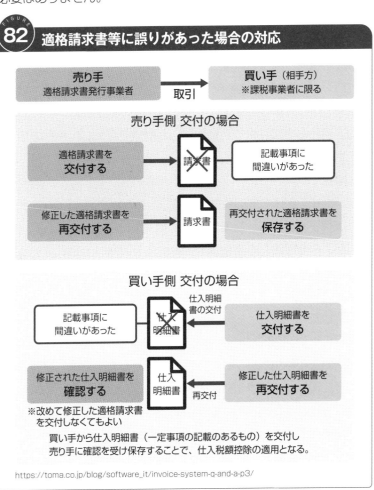

FIGURE 82 適格請求書等に誤りがあった場合の対応

売り手
適格請求書発行事業者 → 取引 → 買い手（相手方）
※課税事業者に限る

売り手側 交付の場合

適格請求書を
交付する → 請求書 → 記載事項に間違いがあった

修正した適格請求書を
再交付する → 請求書 → 再交付された適格請求書を**保存する**

買い手側 交付の場合

記載事項に間違いがあった ← 仕入明細書（仕入明細書の交付） ← 仕入明細書を**交付する**

修正された仕入明細書を**確認する** ← 仕入明細書（再交付） ← 修正した仕入明細書を**再交付する**

※改めて修正した適格請求書を交付しなくてもよい

買い手から仕入明細書（一定事項の記載のあるもの）を交付し売り手に確認を受け保存することで、仕入税額控除の適用となる。

https://toma.co.jp/blog/software_it/invoice-system-q-and-a-p3/

125

2割特例

ここでは、負担軽減措置の、2割特例について解説します。

 2割特例とは

①2割特例の概要

インボイス制度により、免税事業者からインボイス発行事業者として課税されるようになった場合は、仕入れた際に支払った消費税額を、特別控除税額として計上できます。特別控除税額は、課税標準である金額の合計額に対する消費税額から売上げに係る対価の返還等の金額に係る消費税額の合計額を控除した残額の80%に相当する金額です。

②対象者

インボイス制度を機に免税事業者からインボイス発行事業者として課税事業者になった人が対象です。基準期間における課税売上高が1千万円を超える場合や資本金1千万円以上の新設法人、調整対象固定資産や高額特定資産を取得して仕入税額控除を行った場合は対象外です。

③適用期間

令和5年10月1日から令和8年9月30日までの期間です。2割特例の適用期間が終了した後、課税事業者は通常の仕入税額控除制度に戻ります。令和8年10月1日以降は、特別控除税額が適用されなくなるため、課税事業者は通常の仕入税額控除制度に従って消費税の申告および納付を行う必要があります。

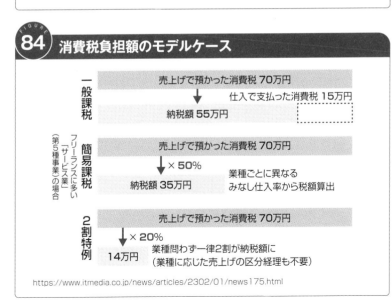

FIGURE 83 2割特例

通常の計算方式

一般課税
売上げに係る消費税額から
仕入れに係る消費税額
を差し引いて納付税額を計算
・仕入れや経費の額について、実額で計算が必要

簡易課税
売上げに係る消費税額から
売上税額にみなし仕入率を掛けた金額
を差し引いて納付税額を計算
・仕入税額の実額計算不要
・業種に応じたみなし仕入率を使用
・事前の届出が必要

選択可能

新しい計算方式

2割特例
売上げに係る消費税額から
売上税額の8割
を差し引いて納付税額を計算
・仕入税額の実額計算不要
・業種に関わらず売上税額の一律2割を納付
・事前の届出が不要

出典：国税庁：https://www.nta.go.jp/publication/pamph/shohi/kaisei/202304/01.htm

FIGURE 84 消費税負担額のモデルケース

一般課税
売上げで預かった消費税 70万円
仕入で支払った消費税 15万円
納税額 55万円

フリーランスに多い「サービス業」（第5種事業）の場合

簡易課税
売上げで預かった消費税 70万円
× 50%
納税額 35万円
業種ごとに異なる
みなし仕入率から税額算出

2割特例
売上げで預かった消費税 70万円
× 20%
14万円
業種問わず一律2割が納税額に
（業種に応じた売上げの区分経理も不要）

https://www.itmedia.co.jp/news/articles/2302/01/news175.html

少額特例

インボイス発行事業者となる小規模事業者に対する負担軽減措置の少額特例について解説いたします。

1 少額特例とは

①少額特例の概要

少額（税込1万円未満）の課税仕入れについて、インボイスの保存がなくとも帳簿の保存のみで仕入税額控除ができます。これは取引先がインボイス発行事業者であるかどうかは関係なく、免税事業者であっても同様です。これはあくまで、インボイスの保存を不要とするものであり、インボイス発行事業者は、課税事業者からインボイスの発行を求められた場合には交付する必要があります。

②対象者

少額特例は、基準期間における課税売上高が1億円以下又は特定期間における課税売上高が5千万円以下の事業者が適用対象です。特定期間における課税売上高については、課税売上高に代えて給与支払額の合計額による判定はできません。

③適用期間

適用期間は令和5年10月1日から令和11年9月30日までです。

2 税込1万円未満の判定単位

少額特例は、税込1万円未満の課税仕入れが適用対象であり、一回の取引の課税仕入れに係る税込み金額が、1万円未満かどうかで判定します。商品ごとの金額による判定ではなく、複数の商品を一

緒に購入しても少額特例の対象とはなりません。

　取引ごとに判断が困難な場合や同一の取引先と複数回取引がある場合には、取引先と判定単位の取り扱いについて事前に合意しておくと、トラブルを防ぐことができます。

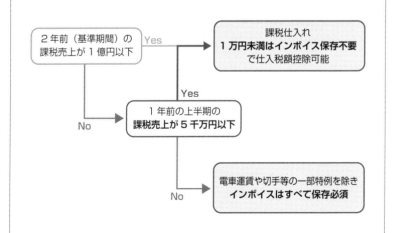

FIGURE
85 インボイス制度の「少額特例」

1万円未満の課税仕入れ（経費等）について、**インボイスの保存がなくても**帳簿の保存のみで**仕入税額控除ができる**ようになります。

対象者　　2年前（基準期間）の課税売上が1億円以下
　　　　　　または1年前の上半期（個人は1〜6月）の
　　　　　　課税売上が5千円以下の人

対象となる期間　令和5年10月1日〜令和11年9月30日

FIGURE
86 少額取引はインボイス不要

```
┌──────────────────┐ Yes  ┌────────────────────────┐
│ 2年前（基準期間）の │─────▶│ 課税仕入れ              │
│ 課税売上が1億円以下 │      │ 1万円未満はインボイス保存不要│
└──────────────────┘      │ で仕入税額控除可能      │
        │                 └────────────────────────┘
        │                          ▲
        │                       Yes │
        │           ┌──────────────────┐
        └─────▶ No  │ 1年前の上半期の   │
                    │ 課税売上が5千万円以下 │
                    └──────────────────┘
                            │
                            │      ┌────────────────────────┐
                            │      │ 電車運賃や切手等の一部特例を除き│
                         No └─────▶│ インボイスはすべて保存必須│
                                   └────────────────────────┘
```

少額な返還インボイスの交付義務免除

インボイス発行事業者となる小規模事業者に対する負担軽減措置の少額な「返還インボイス」の交付義務の免除について解説します。

1 少額な「返還インボイス」の交付義務の免除

少額な**返還インボイス***の交付義務の免除についてご説明します。

①インボイス発行事業者が返品や値引き、割り戻しによる売上げに係る対価の返還等を行った場合は、税込1万円未満であれば返還インボイスの交付義務が免除されます。

②インボイス制度開始日である、令和5年10月1日以降の課税資産の譲渡等について行う、売上げに係る対価の返還等には適用され、期限や対象者の特別な制限はありません。

2 振込手数料を課税仕入れとする場合はインボイスを受け取る

売り手が振込手数料相当額を課税仕入れとして処理する場合、金融機関や取引先からのインボイスが必要となります。これは、課税仕入れに関連する消費税の正確な計算や、適切な税額控除を行うために、取引の詳細が記載されたインボイスが不可欠だからです。

***返還インボイス（適格返還請求書）** 適格請求書発行事業者が返品や値引きなどの理由で対価の返還を行うときに発行する書類。

支払手数料を処理する場合でも、適用税率に従って売上に関する対価の返還等を計算し、帳簿に明確に記録して、税務調査の際に適切な証拠を提供できるようにすることが重要です。

また、振込手数料と通常の支払手数料を区別するために、別のコードを設定すると、帳簿上で管理しやすくなります。

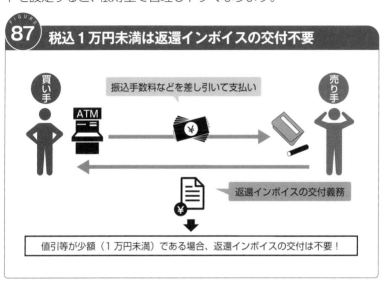

FIGURE 87 税込1万円未満は返還インボイスの交付不要

振込手数料などを差し引いて支払い

買い手

売り手

ATM

返還インボイスの交付義務

値引等が少額（1万円未満）である場合、返還インボイスの交付は不要！

振込手数料と
通常の支払手数料を
別コードに設定すると
よいです。

負担軽減措置

インボイス発行事業者となる小規模事業者に対する負担軽減措置の免税事業者の登録手続きについて解説いたします。

1 免税事業者の登録手続

免税事業者が令和5年10月1日から令和11年9月30日の属する課税期間において、令和5年10月2日以降にインボイス発行事業者となる場合は**適格請求書発行事業者の登録申請書**に登録希望日を記載する必要があります。

この場合、税務署長は当該登録希望日により登録をすることになります。なお、実際に登録が完了した日が、登録希望日後であっても、登録希望日に登録を受けたものとみなされます。

2 翌課税期間の初日から登録を取りやめる場合

翌課税期間の初日から、インボイス発行事業者の登録を取りやめる場合の「適格請求書発行事業者の登録の取消しを求める旨の届出書」の提出期限について、取りやめる課税期間の初日から起算して15日前の日までに変更されました。

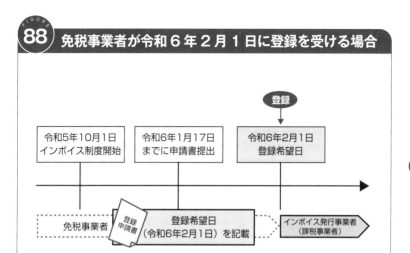

FIGURE **88** 免税事業者が令和6年2月1日に登録を受ける場合

登録

| 令和5年10月1日
インボイス制度開始 | 令和6年1月17日
までに申請書提出 | 令和6年2月1日
登録希望日 |

免税事業者 → 登録申請書 登録希望日（令和6年2月1日）を記載 → インボイス発行事業者（課税事業者）

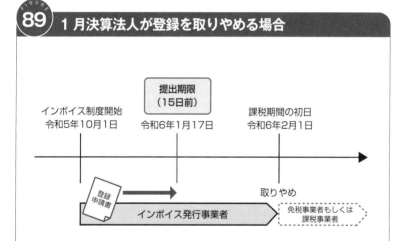

FIGURE **89** 1月決算法人が登録を取りやめる場合

提出期限
（15日前）

| インボイス制度開始
令和5年10月1日 | 令和6年1月17日 | 課税期間の初日
令和6年2月1日 |

登録申請書 → インボイス発行事業者

取りやめ

免税事業者もしくは課税事業者

　免税事業者がインボイス発行事業者の登録を申請する場合においても、課税期間の初日から登録を受ける場合の提出期限について、その課税期間の初日から起算して15日前の日までに変更されました。

インボイス制度導入の国際的な意義

インボイス制度が国内で進められている背景には、国際的な意義やメリットが存在します。それらは一体、どのようなものなのでしょうか?

インボイス制度とは、消費税の管理の効率化を目的に考案された制度で、世界中の多くの国々で導入が進んでいます。この制度は、消費税を請求書や領収書に明記することで、税務管理がスムーズになります。

インボイス制度の導入により、国際取引の透明性が向上します。税金の処理が明確になることで、国際取引が円滑に行われることが期待されます。実際、欧州連合(EU)、カナダ、オーストラリアなどでは、インボイス制度導入後に税務管理の改善と国際取引の活発化が報告されています。

また、インボイス制度は税逃れを防止する上でも役立ちます。消費税の明確な処理により、悪質な事業者による税金の未納や還付詐欺を防止することができるとされています。実際、フランスではインボイス制度の導入により、消費税の未納が大幅に減少したというデータがあります。

さらに、インボイス制度は、国際的な課税ルールの整合性を向上させる効果も期待されています。各国で同様のルールが導入されることで、国際取引における消費税の扱いが一定のルールに則り、国間の課税トラブルや税務管理の効率化が進むことが考えられます。

インボイス制度の導入は、国際的な意義も大きく、我が国の経済発展にも寄与するものと期待されています。今後、インボイス制度の導入が進む中で、税務管理の効率化や国際取引の円滑化が実現されることが求められていくでしょう。

CHAPTER

5

インボイス制度導入までに
必要な準備

　現在、事業所などではインボイス制度の導入に向けて準備を進めていると思います。しかし、まだまだ見落としている要素がある可能性があります。インボイス制度は、消費税の仕入税額控除の方式を大きく変更する制度です。課税事業者は、インボイス制度の概要や対応方法について、早めに確認しておくことが重要です。このChapterでは、インボイス制度に必要な対応と事業者が把握すべき要素を説明します。

　免税事業者と課税事業者それぞれの対応方法をステップごとに理解していき、インボイス制度の導入に向けて完璧な準備を目指しましょう。

適格請求書発行事業者の申請・登録

インボイス導入までの準備である適格請求書発行事業者の申請・登録の方法を詳しく解説いたします。

1 適格請求書発行事業者の申請・登録

インボイス制度の導入にあたっては、まず適格請求書を発行するために、発行事業者の申請と登録が必要です。適格請求書発行事業者となるには、納税地の税務署に登録申請を行い、課税事業者として登録を受ける必要があります。登録締切は2023（令和5年）年9月30日までとなっています。この登録を行うことで、インボイス制度の導入に必要な手続きがスムーズに進み、適格請求書を発行することができます。申請と登録は以下の流れで行います。

①申請書の準備

事業者の基本情報（住所、名称、事業内容など）や代表者の情報を申請書に記載し、所定の申請書を税務署に提出します。

②必要書類の添付

・法人の場合：定款の写し

・個人事業主の場合：事業の内容を証明する書類（事業計画書など）

・その他、税務署から求められる書類

③税務署への提出

申請書と必要書類を、所轄の税務署に提出します。提出後、税務署は審査を行い、登録の可否を判断します。

④登録完了

審査が無事通過すれば適格請求書発行事業者として登録されます。

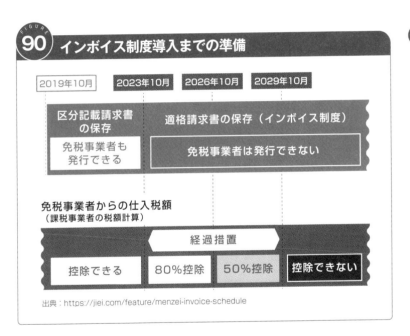

FIGURE 90 インボイス制度導入までの準備

出典：https://jiei.com/feature/menzei-invoice-schedule

見落としていることがないかしっかりチェックしましょう。

適格請求書事業者登録の事前確認

インボイス導入までの準備として適格請求書事業者登録の事前
確認の方法を詳しく解説いたします。

1 適格請求書事業者登録の事前確認

インボイス制度の導入においては、自社が適格請求書を発行する
だけでなく、受け取る側としても対応が必要です。取引先が適格請
求書を発行するかどうかの事前確認を行うことで、受領時に必要な
登録番号の**突合作業**(とつごうさぎょう)*のボリューム感を把握することができます。
これによって、スムーズな受領処理が行え、業務の効率化につなが
ります。事前確認を行う理由は、登録番号の突合作業の効率化、業務
のスムーズ化、消費税の還付手続きの円滑化などが挙げられます。

2 突合作業のボリューム感を把握する

取引先から適格請求書を受け取る際、その請求書に記載されてい
る適格請求書発行事業者の登録番号と、自社の登録番号を照らし合
わせる作業が必要になりますが、事前に取引先の適格請求書発行の
有無を確認しておくことで、受領時の突合作業のボリューム感を把
握し、効率的な作業が可能になります。

また、取引先から適格請求書を受け取る際に、事前に状況を把握
しておくことで、受領処理がスムーズに行え、業務の遅延やミスを
防ぎ、作業を円滑に進めることができます。

***突合作業**(しゅつじ) 出自の異なるデータを突き合わせて、データに誤りがないかを確認する作業。

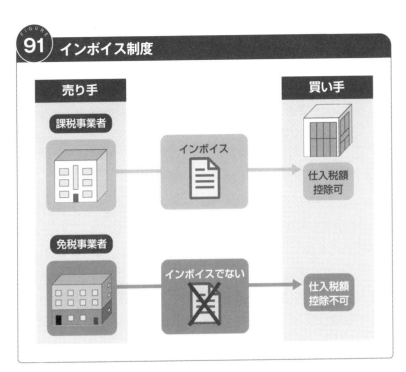

91 インボイス制度

売り手		買い手
課税事業者	インボイス	仕入税額控除可
免税事業者	インボイスでない	仕入税額控除不可

突合作業の
ボリューム感を把握
して、効率的に！

CHAPTER
5
3

請求書フォーマットの変更

インボイス導入までの準備で従来の請求書のフォーマット変更の方法を詳しく解説します。

1 従来の請求書のフォーマット変更

請求書のフォーマット変更に伴い、従来の区分記載請求書の記載事項に加えて、新たな情報が必要となります。そのため、これらの記載事項に適切に対応することが非常に重要です。適格請求書には「税率ごとの消費税額」や「売り手側の名称および登録番号」などの情報が求められます。これらの記載が欠けている場合、適格請求書として認められないため、税務署による還付が受けられない事態を引き起こす可能性があります。

2 記載漏れや誤りに注意する

売り手側の名称および登録番号が正確でない場合も、適格請求書として認定されないリスクがあります。特に、税率ごとの消費税額の記載が重要であり、その漏れがある場合は、適格請求書としての効果が失われるだけでなく、税務調査の際に問題となることも考えられます。

したがって、適格請求書のフォーマットに関する変更には、十分な注意を払い、適切な情報が記載されていることを確認することが重要です。適格請求書作成に関するソフトウェアやサービスを活用することで、記載漏れや誤りを防止することができます。

92 区分記載請求書と適格請求書

2019年10月から

区分記載請求書

請求書

○○株式会社御中

●●事務所

ご請求金額；¥11,460

商品 A		¥6,600
商品 B	(＊) ❶	¥3,240
商品 C	(＊)	¥1,620
	小計	¥10.500
	税額	¥960
	合計	¥11,460

(10%¥6,600) ❷
(8%¥4,860)
(＊) 軽減税率 8%適用商品 ❶

2023年10月から

適格請求書

請求書

○○株式会社御中

●●事務所

❸ 登録番号：T1234567890123

ご請求金額；¥11,460

商品 A		¥6,600
商品 B	(＊) ❶	¥3,240
商品 C	(＊)	¥1,620
	小計	¥10.500
	税額	¥960
	合計	¥11,460

❷ (10%¥6,600)　消費税¥600 ❹
(8% ¥4,860)　消費税¥360
❶ (＊) 軽減税率 8%適用商品

▼

発行者の氏名など
取引年月日
取引内容
取引金額
発行者の氏名など
❶軽減税率対象である旨
❷税率ごとの合計金額

▼

発行者の氏名など
取引年月日
取引内容
取引金額
発行者の氏名など
❶軽減税率対象である旨
❷税率ごとの合計金額
❸登録番号
❹適用税率&税率ごとの消費税額

出典：https://jiei.com/feature/menzei-invoice-schedule

適格請求書の適切な保存

インボイス導入までの準備で適格請求書の適切な保存の方法を
詳しく解説いたします。

1 適格請求書の適切な保存

適格請求書のデータ管理においては**適切な保存**が重要な要件と
なっています。これは、適格請求書が電子データで受け取られた場
合や、電子で発行された適格請求書（コピー）の保存にも該当しま
す。適切な保存を実現するためには、電子帳簿保存法の要件に従っ
たデータ管理が求められます。

電子帳簿保存法の要件を満たすためには、データ管理システムの
選定が重要です。デジタルインボイスの標準仕様である「JP PINT」
に対応したシステムが求められるほか、**Peppol（ペポル）規格**[*]にも
対応しているシステムを検討することが望ましいです。Peppol規
格は、国際的なインボイスの送受信において広く利用されており、
効率的なデータのやり取りが可能です。

2 データ管理システムの選定

インボイス制度に対応した請求書発行システムには、次の4つの
要件があります。

---

[*] **Peppol規格** Peppolは、Pan-European Public Procurement OnLineの略で、「汎欧州オンライン公的調達」
と訳されます。電子インボイスや製品の注文書、認定書などの電子文書を独自のオンラインネットワーク上でや
り取りするための国際規格です。

①電子帳簿保存法に適合するシステムであること

②JP PINTとPeppol規格に準拠していること

③安全性・信頼性が高く、長期間にわたるデータ保管が
　可能であること

④導入や運用が容易で、コスト面でも効率的であること

　これらのポイントを考慮して、適切なデータ管理システムを選定し、適格請求書の保存を適切に行うことで、消費税の還付や税務調査への対応が円滑に進められるようになります。適切なシステムを導入することで、業務の効率化やコンプライアンスの向上にも寄与することが期待できます。

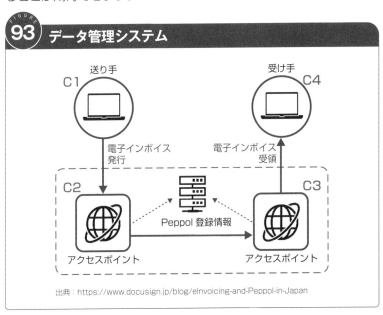

FIGURE 93　データ管理システム

出典：https://www.docusign.jp/blog/eInvoicing-and-Peppol-in-Japan

5 業務内容のルールやフローの変化

インボイス導入までの準備である新しい業務フローの作成の方法を詳しく解説いたします。

1 新たな業務ルールの作成

インボイス制度の導入により、経理担当者などの業務内容のルールやフローが変化し、その負担が増加することが予想されます。適格請求書が必要な取引かどうかを事前に確認することから始め、受領した適格請求書の登録番号の突合作業も必要になるため、これらの業務を効率的に行うことが求められます。適格請求書を適切に保存・管理する手順を整理し、データ管理システムを選定・導入することで、内部統制を強化し、ミスや不正を防ぐ仕組みを整備します。

2 取引先とのコミュニケーションが必要

適切な業務フローの作成には、事前の取引先とのコミュニケーションで適格請求書の発行状況を確認し、受領をスムーズに行うための調整を行い、受領した適格請求書の登録番号を確認して自社の登録番号と照らし合わせる突合作業を実施します。

経理担当者や関連部署の従業員に対してインボイス制度に関する知識や業務フローの変更について教育や研修を行い、理解を深めさせることで、事前に確認フローや作業手順を整理し、スムーズな運用体制を構築することが重要です。

94 新しい業務フローの作成

インボイス制度開始前後で必要な留意点・請求書処理

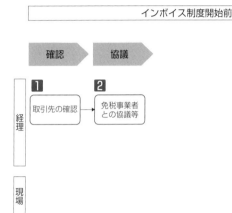

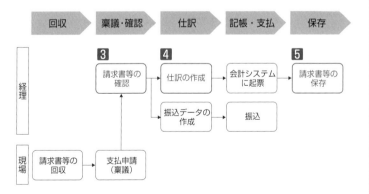

1 ～ **5** ：インボイス制度により、留意が必要な業務

https://bakuraku.jp/resources/how-to/invoice_system-workflow

対応実務の社内向け業務説明

インボイス導入までの準備である、社内向けの業務説明のステップを詳しく解説いたします。

1 社内向けの業務説明

インボイス制度に関する対応実務の社内向け説明会では、まず制度の変更点やシステムの利用方法を明確に伝えることが重要です。特に請求処理に関わる部門のメンバーに対して、実践的な説明を行い、適格請求書等の取り扱いに関する具体的な手順や注意点を説明します。例えば、取引先から受領した適格請求書の処理方法について説明し、登録番号の確認や突合作業、保存・管理方法などを指導します。

2 インボイス制度の目的やメリットも共有する

自社が適格請求書を発行する際の必要事項やフォーマットについても解説し、各部門が適切に対応できるようにサポートします。さらに、適格請求書制度の目的やメリットについても理解を深めることで、社内の関連部門が効果的に協力し、制度を適切に活用できるようになります。

定期的な研修や質問・相談窓口の設置などを通じて、メンバーの理解度を高め、スムーズな請求処理の実現に努めましょう。

制度導入までの対応方法

免税事業者と課税事業者が仕入税額控除に関して気をつけるべきポイントや具体的な対応方法について解説いたします。

1 免税事業者の対応方法

免税事業者は、課税事業者との取引について、請求書や領収書の適切な管理が必要になります。請求書や領収書は、適切な整理と保存を行う必要があります。また、取引先に対して自社が免税事業者であることを明確に伝え、免税取引の取り扱いについて理解を深めることが求められます。

2 課税事業者の対応方法

課税事業者は、取引先が免税事業者か課税事業者かを確認し、取引内容に応じた消費税の取り扱いを行う必要があります。また、課税事業者は、適切な消費税率を適用し、正確な請求書や領収書を発行することが求められます。

課税事業者は、インボイス制度の導入に伴い、適格請求書発行事業者に登録することで、仕入税額控除を受けることができるようになります。

適格請求書発行事業者への登録手続きは、国税庁のウェブサイトに記載されている手順に従って行います。

95 下請法違反になるおそれのあるケース

①単価交渉及び発注

単価
10万円

発注書

Aさんは**免税
事業者**よね

下請事業者A
（個人事業者）

※継続的に取引が
行われている関係

親事業者

②その後…

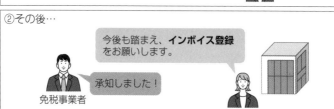

今後も踏まえ、**インボイス登録**
をお願いします。

承知しました！

免税事業者

③課税事業者選択…

税務署

申請書

T1234…

課税事業者選択
登録申請手続

インボイス事業者になった
から、次回は価格交渉しよう！

④次回発注における単価交渉

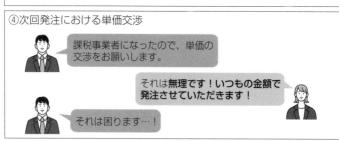

課税事業者になったので、単価の
交渉をお願いします。

それは**無理です**！いつもの金額で
発注させていただきます！

それは困ります…！

下請事業者が**課税事業者になった**にも関わらず、免税事業者であることを前提に行われた
単価からの**交渉に応じず、一方的に従来どおり単価を据え置いて発注する行為**は、下請法
第4条第1項第5号で禁止されている**「買いたたき」**として問題になるおそれがあります。

出典：https://note.com/tetsuyanagasawa/n/n17586ff1ba14

96 インボイス制度開始によって変わる3つのこと

1 請求書の様式

請求書に3項目追加される

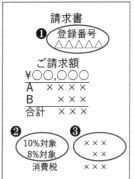

❶ インボイス制度の
　登録番号

❷ 適用税率

❸ 適用税率ごとの
　消費税の合計

2 消費税の申告が複雑に

取引きごとに管理！

課税事業者　　免税事業者・消費者

3 フリーランスは仕事が減る可能性も

＊課税売上高1,000万円以下

 ＜取引先＞
課税事業者　　フリーランス
費用　　→高

 費用がかからないほうに
依頼したいな…

売り手が準備すること

ここでは、売り手が行うべきことについて解説します。

1 インボイス制度導入で売り手が対応・検討すべきこと

売り手はインボイス制度に対応するための内部統制を整備し、従業員への教育や研修を実施することが重要です。顧客管理システムの見直しも不可欠です。取引先の免税事業者や課税事業者の情報を管理し、適切な消費税率を適用できるようにすることが重要です。

2 適格請求書発行事業者への登録方法

①税務署から申請書を入手

税務署で「適格請求書発行事業者の登録申請書」を入手します。

②申請書の記入

必要事項を記入し、適切な書類を添付します。書類には、事業者の基本情報や取引先との契約内容、請求書発行に関する内部統制の状況などが含まれます。

③申請書の提出

申請書と添付書類を税務署に提出します。

④承認通知の受領

税務署から承認通知が届き、登録が完了すると、適格請求書を発行できるようになります。

⑤登録の維持・更新

適格請求書発行事業者として登録された後も、定期的に登録内容の更新や税務署への報告が求められます。また、変更があった場合は、速やかに税務署への届け出が必要です。

FIGURE 97 課税事業者のための「インボイス制度対応チェックリスト」

インボイスの発行

☐ 現在の業務システムが対応できるか

☐ (対応できる場合) バージョンアップ等のスケジュールや予算は計画したか

☐ (対応できない場合) 改修やリプレイスなどスケジュールや予算は計画したか

☐ 発行したインボイスの保存方法や業務フローの変更を検討したか

☐ (データ保存する場合) 電子帳簿保存法への対応方法について確認したか

インボイスの受取

☐ 現在の会計システムが対応できるか

☐ (対応できる場合) バージョンアップ等のスケジュールや予算は計画したか

☐ (対応できない場合) 改修やリプレイスなどのスケジュールや予算は計画したか

☐ 受け取ったインボイスの保存方法や業務フローの変更を検討したか

☐ (データで保存する場合) 電子帳簿保存法への対応方法について確認したか

☐ 経費申請ルールは見直したか

☐ 新規取引の際の課税 / 免税事業者の確認や選定などのルールを見直したか

☐ 現在、取引している免税事業者にインボイス制度対応の意向や制度導入後の消費税分の取り扱いについて確認したか

出典 : https://invox.jp/invoice-perfect-guide

管理システムがインボイス制度に対応できるか確認する

インボイス制度が導入されることで現在使っているシステムや制度で確認するべきポイントについて解説いたします。

1 現行の管理システムが対応できるかの事前確認

インボイス制度導入に伴い、事業者は現行の管理システムが適格請求書に対応できるか確認することが重要です。適格請求書のフォーマットや税額の計算方法が要件を満たすか、システムが適切なデータ管理ができるか、法令改正や税率変更に対応できる柔軟性があるか、ベンダーとの連携が適切かどうかを検証しましょう。

事前の確認によって、インボイス制度への移行がスムーズに進み、事業者間の取引が円滑化されることが期待されます。

2 簡易課税制度を検討する

簡易課税制度とは、消費税の計算方法に関する特例です。小規模事業者の納税事務負担を軽減するために、受け取った消費税額から支払った消費税額を差し引く計算をする代わりに、「受け取った消費税額×業種ごとの一定の割合（みなし仕入率）」で納付する消費税額とみなすことを認めるものです。この制度を利用することで、仕入税額控除を行わずに簡易的な計算方法によって消費税の申告が可能になります。簡易課税制度を利用することで、事業者は会計や税務に関する負担を軽減することができます。

簡易課税制度を検討する際には、自社の事業規模や取引の内容に応じて、簡易課税制度が適切かどうかを判断することが重要です。

98 インボイス制度の対応準備

		売り手		買い手 ＊原則課税を選択している事業者
課税事業者	制度開始前	①適格請求書発行事業者登録 ②何をインボイスとするか？ フォーマットを改訂する ③システム対応：インボイスを交付・控えを保存する体制作り ④税額計算方法の確認	制度開始前	①仕入明細書（支払通知書）をインボイスとする場合、フォーマットを改訂する ②システム対応：インボイスを保存する体制作り ③取引先との連絡・調整 ④税額計算方法の確認
	制度開始後	⑤インボイスを交付・控えを保存	制度開始後	⑤受け取った請求書等の確認（番号、記載事項、税率区分）・保存
免税事業者	制度開始前	①（インボイス対応する場合）インボイス発行事業者になり、課税事業者の売り手と同じ準備をする ②（インボイス対応する場合）納税負担増加に備え、取引先と価格交渉 ③（インボイス対応しない場合）課税事業者である取引先の値下げ要請への備え	制度開始前	買い手が ・免税事業者 ・課税事業者で簡易課税選択事業者 の場合、特になし
	制度開始後	④（インボイス発行事業者になった場合）インボイスを交付・控えを保存 ⑤（インボイス発行事業者にならなかった場合）従来どおり区分記載請求書の交付	制度開始後	

https://www.mjs.co.jp/topics/lp/invoice/point/

適格請求書の添付書類

適格請求書に添付する書類について解説します。

1 適格請求書に添付する書類

①契約書や注文書

取引の内容や価格、納期などを明確にするため、適格請求書と一緒に契約書や注文書を提出することが望ましいです。

②納品書

商品の受け渡しを証明するために、適格請求書と一緒に納品書の提出を求められることがあります。これにより、取引の正確性を証明できます。

③領収書

支払いが完了したことを証明するために、適格請求書と一緒に領収書の提出を求められることがあります。これにより、税務調査などで支払いが適切に行われたことを証明できます。

④輸入証明書類

輸入取引の場合、適格請求書と一緒に輸入証明書類（例：通関証明書）の提出を求められることがあります。これにより、税務調査時に輸入が適切に行われたことを証明できます。適格請求書の添付書類は、取引の性質や税務調査時に必要とされる書類に応じて異なります。

適格請求書に関連する書類は、税務調査に備えて整理・保管しておくことが望ましいです。デジタル化の検討など、セキュリティ対策に注意が必要です。

適格請求書の添付書類

請求書

㈱○○御中 　　　　　　　××年 11 月 1 日

10 月分（10/1～10/31）109,200 円（税込）

納品番号	金額
No.0011	11,980 円
No.0012	7,640 円
No.0013	9,800 円
…	…
合計	109,200 円（消費税 9,200 円）
10％対象	66,000 円（消費税 6.000 円）
8％対象	43,200 円（消費税 3,200 円）

△△商事㈱

登録番号　T1234567890123

納品 No.0013 　　　　　　納品書

㈱○○御中 　　　　　　　　　　　　△△商事㈱

納品 No.0012 　　　　　　納品書

㈱○○御中 　　　　　　　　　　　　△△商事㈱

納品 No.0011 　　　　　　納品書

㈱○○御中 　　　　　　　　　　　　△△商事㈱

下記の商品を納品いたします。

××年 10 月 1 日

品名	金額
牛肉　＊	5,400 円
じゃがいも　　＊	2,160 円
割り箸	1,100 円
ビール	3,300 円
合計	11,960 円

＊印は軽減税率対象商品

インボイス制度導入に向けた社内の意識改革

インボイス制度の導入は、国内の消費税制度を大きく変革するものであり、事業者にとっても影響が大きいと言えます。この制度変更に対応するためには、単なる手続き上の変更に留まらず、社内の意識改革が必要となります。

まず、インボイス制度導入の目的を理解し、社内全体でその重要性を共有することが大切です。社内で意識を高めることで、インボイス制度への対応がスムーズに進むでしょう。

経理部門だけでなく、営業や購買など関連部署もインボイス制度についての知識を深めることが重要です。適切な取引や書類のやり取りを行うためには、関連部署が連携し、必要な知識を共有する必要があります。

インボイス制度導入に伴う業務プロセスの見直しも欠かせません。例えば、書類の作成や管理方法、システムの更新など、業務プロセスの各段階で変更が必要になる場合があります。業務プロセスの見直しを行うことで、インボイス制度への対応が円滑に進み、組織全体の業務効率も向上するでしょう。

また、インボイス制度導入に伴うリスク管理も重要です。制度導入の過程で、新たなリスクが発生する可能性があります。リスクを事前に洗い出し、適切な対策を講じることで、インボイス制度導入による影響を最小限に抑えることができます。

インボイス制度導入に向けた社内の意識改革は、制度の目的や重要性を共有し、関連部署の知識向上や業務プロセスの見直しを行うことが不可欠です。これらの取り組みを通じて、事業者はインボイス制度への適応力を高め、組織全体の業務効率を向上させることができるでしょう。

CHAPTER

6

インボイス制度導入後の流れ

　このChapterでは、インボイス制度導入後の流れについて詳しく説明していきます。具体的には、インボイス制度導入後の取引の流れや取引の違い、免税事業者との取引方法、複数の請求書処理や適格請求書の受領時の留意点などを解説します。

　また、支払いサイトでの適格請求書の表示方法や、買い手が対応・検討すべき事項、請求書や納品書の保存、区分記載請求書への経過措置適用についても触れていきます。

　これらの情報を理解することで、インボイス制度導入後の取引における正確な対応が可能となります。

インボイス制度導入後の取引の流れ

インボイス制度導入後の取引の流れについて、売り手側・買い手側それぞれの視点で解説いたします。

1 売り手側・買い手側それぞれの取引の流れ

インボイス制度導入後の取引の流れは、売り手が適格請求書を発行し、買い手がこれをもとに仕入税額控除を行います。

まず、売り手は商品やサービスを提供した後、適格請求書を発行し、買い手に送付します。適格請求書には、取引内容や消費税額が明記されていることが必須です。また、売り手は適格請求書発行事業者として登録されていることが求められます。

一方、買い手は適格請求書を受領し、仕入税額控除の対象となる消費税額を把握します。適格請求書の受領後、買い手は仕入税額控除を行い、売上税額との差額を消費税として納税します。ただし、買い手が免税事業者である場合、仕入税額控除は適用されず、課税事業者との取引において適切な書類管理が重要となります。

2 インボイス制度導入前後での取引の違い

インボイス制度導入前後の取引の違いは、消費税の計算方法と請求書の取り扱いにあります。導入前は売り手が消費税を計算して請求していましたが、導入後は売り手が適格請求書を発行し、買い手がこれをもとに仕入税額控除を行います。また、導入前は一般的な請求書や領収書が用いられていましたが、導入後は適格請求書を発行する必要があります。

100 インボイス制度導入後の変化

1 請求書の様式

請求書に3項目追加される

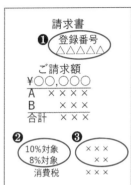

❶ インボイス制度の
登録番号

❷ 適用税率

❸ 適用税率ごとの
消費税の合計

2 消費税の申告が複雑に

取引きごとに管理！

| 課税事業者 | 免税事業者・消費者 |

3 フリーランスは仕事が減る可能性も

＊課税売上高1,000万円以下

 ＜取引先＞

課税事業者　　　　　　フリーランス

費用 高

費用がかからないほうに
依頼したいな…

CHAPTER 6 インボイス制度導入後の流れ

CHAPTER
6
2

買い手が対応・検討すべきこと

インボイス制度導入後の取引の流れについて、買い手が対応・検討すべきことについて解説いたします。

1 インボイス制度導入で買い手が対応・検討すべきこと

インボイス制度の導入が進む中、買い手にも様々な対応や検討が求められています。以下のポイントを抑えておきましょう。

・仕入先の適格請求書発行事業者の確認
・請求書の内容確認
・適格請求書の管理
・消費税の申告・納付
・簡易課税制度の検討
・社内体制の整備
・システムの対応

これらの対応・検討事項を適切に行うことで、インボイス制度導入後の消費税管理が円滑に行えるようになります。

2 請求書や納品書などの保存

請求書や納品書などの書類は、会計や税務上の証拠として重要であり、7年間保存する必要があります。書類は日付順や取引先別に整理し、すぐに参照できる状態にしておくことが望ましいです。

また、デジタルデータについては、定期的にバックアップを取り、外部ストレージやクラウドストレージにも保存しておくと安心です。

　書類を適切に管理し、機密情報を保護することで、税務調査のリスクを軽減し、ビジネスを円滑に運営できます。

101 買い手が対応・検討すべきこと

実際の事務作業で何が変わる？

・まずはインボイス制度に対応するよう請求書や領収書を変更
・売り手も買い手も、インボイスを7年間保存しておかなければならない
・特に経費精算は事務作業の負担が増大する可能性あり

請求書　領収書

書式変更が必要です。

経費を仕入税額控除する
場合もインボイスの要件を
満たした領収書が
必要です。

CHAPTER
6
3

区分記載請求書は経過措置を適用し対応

経過措置期間を利用して、新しい制度に適応しやすい環境を整えることが、事業者にとって大切になります。

1 経過措置を適用し対応する

経過措置とは、制度移行期間中に取引や事業者に対する影響を緩和するために講じられる特別な措置です。

インボイス制度の導入に伴い、適格請求書が主に利用されるようになりますが、経過措置が適用される期間内であれば、区分記載請求書を利用した取引においても、消費税の控除が認められることがあります。

2 経過措置は一定期間限定

インボイス制度の導入に伴い、事業者はいくつかの対応が必要です。まず、区分記載請求書から適格請求書への移行をスムーズに行う必要があります。適格請求書は、区分記載請求書とは異なる様式で作成する必要があり、また、適格請求書発行事業者の登録を受ける必要があります。これらの手続きを早めに進めておくことで、適格請求書への移行をスムーズに行うことができます。

取引先とのコミュニケーションを密にとり、インボイス制度導入に伴う変更点や手続きについて情報共有する必要があります。インボイス制度は、売り手と買い手の双方に影響を与える制度であるため、取引先と十分に認識合わせを行うことが重要です。これらの対応を行うことで、インボイス制度の導入にスムーズに対応することができます。

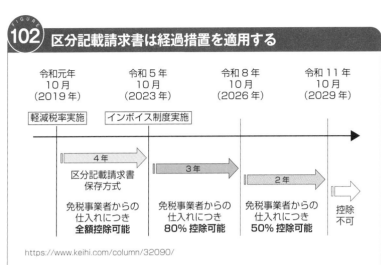

FIGURE 102 区分記載請求書は経過措置を適用する

令和元年 10 月 (2019 年)	令和 5 年 10 月 (2023 年)	令和 8 年 10 月 (2026 年)	令和 11 年 10 月 (2029 年)

軽減税率実施　　インボイス制度実施

4 年
区分記載請求書
保存方式

免税事業者からの
仕入れにつき
全額控除可能

3 年

免税事業者からの
仕入れにつき
80% 控除可能

2 年

免税事業者からの
仕入れにつき
50% 控除可能

控除
不可

https://www.keihi.com/column/32090/

FIGURE 103 経過措置

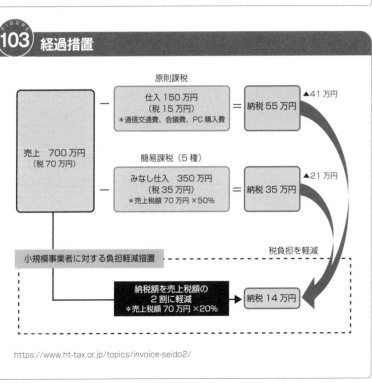

原則課税

売上　700 万円
（税 70 万円）

仕入 150 万円
（税 15 万円）
＊通信交通費、会議費、PC 購入費

＝ 納税 55 万円　▲41 万円

簡易課税（5 種）

みなし仕入　350 万円
（税 35 万円）
＊売上税額 70 万円 ×50%

＝ 納税 35 万円　▲21 万円

小規模事業者に対する負担軽減措置

税負担を軽減

納税額を売上税額の
2 割に軽減
＊売上税額 70 万円 ×20%

納税 14 万円

https://www.ht-tax.or.jp/topics/invoice-seido2/

インボイス制度導入後の確認作業や請求書の処理

インボイス制度導入後の取引の流れについて、確認作業や請求書の処理について解説いたします。

1 取引先が免税事業者か確認する

インボイス制度導入後は、取引先が免税事業者か課税事業者かを確認することが重要です。これは、免税事業者は消費税の対象外となるため、適切な消費税処理を行うために必要な情報だからです。

取引先が免税事業者かどうかを確認する方法は、次のとおりです。

・取引先から書類や証明書を入手する
・税務署に問い合わせる
・インターネットで検索する
・専門の情報提供サービスに相談する

2 買い手は複数の請求書処理が必要

インボイス制度導入後は、仕入先の課税事業者、免税事業者、適格請求書発行事業者のいずれかによって、消費税の取り扱いが異なるため、買い手は仕入先に応じた複数の請求書処理が必要になります。

インボイス制度導入後は、買い手は取引先の事業者の税務上の地位に応じて、適切な請求書処理と税務申告を行う必要があります。

これにより、インボイス制度下での取引を円滑に進めることができます。

104 買い手は複数の請求書処理が必要

1枚の請求書で記載要件を満たすケース

請求書	
商品1	¥25
商品2	¥75
税抜合計	¥100
消費税	¥10

端数処理は1回

複数の書類により記載要件を満たすケース

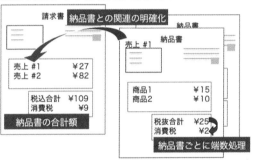

請求書 納品書との関連の明確化

請求書	
売上 #1	¥27
売上 #2	¥82
税込合計	¥109
消費税	¥9

納品書の合計額

納品書

納品書	
商品1	¥15
商品2	¥10
税抜合計	¥25
消費税	¥2

納品書ごとに端数処理

出典：https://www.biz-integral.com/feature-column/column/4586/

---

105 インボイス制度導入後の負担

インボイス開始に伴う3大負荷

発行する
インボイスの控えを
すべて保存

受領する
インボイスも
すべて保存

日付、全額、科目だけじゃない
取引先、取引内容、通した税区分も…
記帳負担増大

→

・必要な項目に漏
れや抜けがない
か確認する必要
がある

・事務、経理は
思っている以上
に負担を強いら
れることになる

CHAPTER 6 インボイス制度導入後の流れ

適格請求書以外の請求書の取り扱い

インボイス制度導入後の適格請求書以外の請求書の取り扱いについて解説いたします。

1 インボイス制度における適格請求書以外の請求書

インボイス制度が導入されても、適格請求書以外の請求書は発生する可能性があります。仕入税額控除の対象とならないため、控除対象の消費税額と区別して管理することが重要です。また、適格請求書以外の請求書でも取引内容や金額が正確であることを確認し、間違いや不備があれば取引先に連絡して訂正を求めましょう。

2 支払いサイトにおける適格請求書の表示方法

支払いサイトにおける適格請求書の表示方法は、インボイス制度導入後に特に重要となります。買い手が仕入税額控除の対象となる消費税額を把握できるように、正確かつ明確に表示する必要があります。

支払いサイトでは、適格請求書の情報を買い手が確認しやすいようにデジタルフォーマットで表示する必要があります。これには、請求書の発行日、発行事業者の名称、販売された商品やサービスの内容、消費税の区分、税率、消費税額などが含まれます。

また、支払いサイトでは、適切なセキュリティ対策を講じることが重要です。適格請求書には機密性の高い情報が含まれるため、データの保護やアクセス制限などの対策が必要です。

FIGURE 106 従来の請求書と区分記載請求書、適格請求書の違い

請求書等保存方式

請求書
○○○○
○○○○

株式会社○○御中
株式会社○○
○○○○
○○○○

品番・品名	単価	金額
101		
サンマ	5	100	500
201		
包丁	1	5,000	5,000

● 2019年10月～

区分記載請求書等保存方式

請求書
○○○○
○○○○

株式会社○○御中
株式会社○○
○○○○
○○○○

品番・品名	単価	金額
101		
サンマ＊	5	100	500
201		
包丁	1	5,000	5,000

10.00％対象	税抜金額	5,000 円
8.00％対象(軽)	税抜金額	500 円

● 2023年10月～

適格請求書等保存方式

インボイス方式

請求書
○○○○
○○○○

株式会社○○御中
株式会社○○
○○○○
○○○○

事業者番号 T123456789…

品番・品名	単価	金額
101		
サンマ＊	5	100	500
201		
包丁	1	5,000	5,000

10.00％対象	税抜金額 5,000 円	消費税等 500 円
8.00％対象(軽)	税抜金額 500 円	消費税等 40 円

＊は軽減税率対象項目

出典：https://www.freee.co.jp/kb/kb-invoice/category_invoice/ を元に作成

167

6 電子帳簿保存法

ここでは電子帳簿保存法の説明やインボイス制度との関係について解説いたします。

1 電子帳簿保存法とは

電子帳簿保存法は、電子データによる帳簿保存を認める法律で、企業の業務効率化や省力化を目的としています。ただし、電子データの保存には一定のルールが定められています。

電子帳簿は、原則として7年間保存する必要があります。データの改ざんや損失を防ぐため、適切なセキュリティ対策やバックアップ体制を整えることが重要です。

2 電子帳簿保存法とインボイス制度との関係

電子帳簿保存法とインボイス制度は、企業の業務効率化や省力化、税務管理の透明性向上に役立つ制度です。これらの制度を連携させることで、消費税の正確な計算と申告が可能となります。インボイス制度によって発行されたインボイスは、消費税額が明記されており、電子帳簿保存法によって電子データとして保存・管理することができます。

電子帳簿保存法とインボイス制度は、企業の税務管理の効率化やコスト削減に役立つ制度です。ただし、法令に従った適切な運用が求められます。

FIGURE 107 電子帳簿保存法の対象書類

国税関係帳簿	国税関係書類			電子取引
	決算関係書類	取引関係書類		Web上で確認できる領収書 電子メールで受信した請求書 EDIで送受信した取引データ
		自己が**発行**した書類	相手から**受領**した書類	
仕訳帳 総勘定元帳 売上台帳 など	貸借対照表 損益計算書 棚卸表 など	見積書控え 契約書控え 請求書控え 領収書控え など	見積書 契約書 請求書 領収書 など	見積書 契約書 請求書 領収書 など
	電子帳簿保存	スキャナ保存		電子取引
	会計システム、請求書発行システム等により、電子的に作成した帳簿・書類を電子のまま保存	紙で作成（請求書の控え）・受領（請求書等）した書類をスキャンし、画像データとして保存		電子的に授受した取引データを電子のまま保存

※ EDI取引とは、取引で発生する発注書や納品書、請求書などの証憑類を電子化して取引することです。

FIGURE 108 電子帳簿保存法のスケジュール

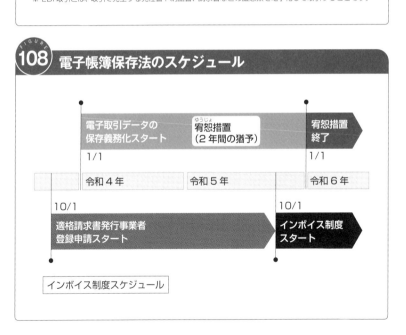

インボイス制度スケジュール

インボイス制度の今後の展望

　インボイス制度の導入による消費税の誤脱漏税の減少は、税収の安定化と国民に対する財政支出や社会保障制度の拡充に大きな影響を与えることが期待されています。

　欧州連合（EU）諸国などで導入されている類似の制度を参考にすると、インボイス制度の導入によって消費税の誤脱漏税が減少し、税収が増加することが確認されています。例えば、フランスでは、2000年代初頭からインボイス制度の導入により、消費税収が年間約3％増加しました。

　このような事例からも、インボイス制度が消費税の適正化に寄与し、財政支出や社会保障制度の拡充に役立つことが期待されます。一方で、インボイス制度は、中小企業や個人事業主に対する負担が大きいという懸念があります。これは、新たな制度に対応するための手続きやシステム導入に関するコストが、これらの事業者には比較的大きな負担となるためです。

　政府は、この問題に対処するために、中小企業や個人事業主向けの支援策を検討しています。例えば、システム導入や運用コストの一部補助や、インボイス制度に関する研修・セミナーの提供などが挙げられます。また、制度の運用に関するガイドラインやマニュアルの整備によって、事業者が迅速かつ容易に制度に適応できる環境を整えることも重要です。

　インボイス制度は、税収の安定化や財政支出の効果的な運用に大きな可能性を秘めていますが、その実現には中小企業や個人事業主への負担軽減が欠かせません。今後の政府の取り組みが注目されるところです。

Q：インボイス制度とは何ですか？

A：インボイス制度とは、複数税率に対応した消費税の仕入税額控除の方式で、正式名称は「適格請求書等保存方式」です。インボイス制度は、課税対象商品やサービスの取引において正確な税率や取引金額を明確化することで、消費税の納税に関する不正やミスを防ぎ、仕入税額控除の算出を容易にすることを目的とした2023年10月１日から導入される「新しい仕入税額控除の制度」です。

Q：仕入税額控除とは？

A：仕入税額控除とは、課税売上に係る消費税額から課税仕入れ等に係る消費税額を控除することで、取引の各段階で発生する二重課税や三重課税を防止し、消費税の累積を避けるための仕組みです。この制度により、製造や流通などの取引の各段階で発生する消費税が蓄積されず、最終的な課税額が適正に控除されます。

Q：インボイス（適格請求書等）とは何ですか？

A：インボイス（適格請求書等）とは、消費税法において、取引先に対して課税対象となる商品やサービスの提供に対する代金請求書のことを指します。具体的には、商品やサービスの内容や金額、支払条件などが記載された書類で、消費税法においては、適格請求書等とも呼ばれます。インボイスは、消費税の納税申告書の作成や、税務調査時の証明資料として必要となります。消費税法において、インボイスには必要な記載事項が規定されており、それらの事項を記載しない場合は、適格請求書等として認められない場合があります。

Q：適格請求書に必要な記載事項は何ですか？

A：以下の事項が必須事項となっています。

① 適格請求書発行事業者の氏名又は名称及び登録番号

② 取引年月日

③ 取引内容

（取引が軽減税率の対象品目である場合には、その旨を記載）

④ 税率ごとに区分して合計した金額及び適用税率

⑤ 税率ごとに区分した消費税額等

⑥ 書類の交付を受ける事業者の氏名又は名称

Q：インボイス制度を導入するために必要な手続きは？

A：インボイスを発行するためには、売り手側は適格請求書発行事業者として国税庁に登録申請を行わなければなりません。登録をするかどうかは事業者の任意ですが、現在免税事業者が登録する場合には課税事業者として取り扱いされます。

Q：インボイス（適格請求書等）が間違っていた場合は？

A：従来は、請求書に誤りがあった場合、受け取った側が修正し、保存することができました。しかし、インボイス制度が導入されると、受け取った側はインボイスを修正を行うことができません。誤りがあった場合は、以下のいずれかの方法で対処する必要があります。

①販売業者に再度インボイスを発行してもらう。

②修正箇所を明示した書類を発行してもらう。

③買い手側が誤りを修正した仕入明細書を作成し、販売業者に了承を得る。

Q：インボイス制度によって収入が減少しますか？

A：インボイス制度により、個人事業主や一人親方の収入が減る可能性があります。その理由とは、免税事業者のまま取引を続ける場合に消費税相当額の値引きを要求されることと、課税事業者に登録することで新たに納税義務が発生し、利益が減ってしまうということです。課税事業者登録は任意ですが、買い手側としては税額控除ができる課税事業者と取引したいため、登録しなかった場合は取引条件が変更されたり、取引先が減ったりする可能性もあります。

Q：インボイス制度の対象となる取引は何ですか？

A：インボイス制度の対象となる主な取引は、課税対象となる商品やサービスの販売、購入、および建築工事等の請負に関する取引が対象となります。

Q：軽減税率対象品目の販売をしていなくても適格請求書発行事業者の登録は必要？

A：適格請求書発行事業者の登録は任意です。登録しない場合、適格請求書を発行することができませんので、取引先が仕入税額控除を受けることができなくなる可能性があります。また、適格請求書発行事業者は、取引先から交付を求められた時は、軽減税率に関わらず適格請求書を交付しなければなりません。消費者や免税事業者など、課税事業者以外には交付義務はありません。このような事情を踏まえ、事業者は登録の必要性を検討する必要があります。

Q：インボイス制度のメリットは何ですか？

A：「適格請求書発行事業者」になることで、インボイス制度導入後も取引の継続が見込まれます。登録していない場合、取引先は仕入

税額控除を受けることができず、他の適格請求書発行事業者に取引を変更する可能性があります。適格請求書発行事業者に登録するには、課税事業者である必要があり、登録番号を税務署から受け取る必要があります。申請は2023年9月30日までに行う必要があります。

Q：インボイス制度のデメリットは何ですか？

A：インボイス制度の導入に伴い、請求書等のフォーマットが変わるため、請求書作成業務の負担が増えます。また、取引先が適格請求書発行事業者でなければ、仕入税額控除を受けることができなくなるので、消費税の控除額が減少して、納税額が増加する可能性があります。

Q：すべての事業者の登録が必要なのでしょうか？

A：インボイス制度は任意の登録制度です。計算方法や取引先との関係によって利益や不利益が生じることがあります。つまり、課税事業者登録の状況や、取引先との関係などを考慮して、慎重に判断する必要があります。

Q：インボイス制度は、いつまでに登録申請すればよいですか？

A：インボイス制度が開始される令和5年10月1日以降、登録を希望する事業者は、納税地の税務署に登録申請書を提出する必要があります。登録申請書は令和5年9月30日までに提出する必要がありますが、令和5年10月1日までに登録通知が届かなかった場合でも、提出日から登録されたものとみなされます。また、免税事業者は登録希望日を指定することで、開始後でも希望する日から登録を受けることができます。

Q：インボイス制度に経過措置は設けられていますか？

A：「インボイス制度」導入後、6年間は、免税事業者が支払った消費税相当額の一定割合を商品やサービスの税額とみなして控除できます。ただし、適用するためには帳簿とインボイスの保存が必要です。適用期間は、令和5年10月1日から令和8年9月30日まで80%、令和8年10月1日から令和11年9月30日まで50%を控除できます。

Q：事業者がやるべきことは何ですか？

A：インボイス制度は、消費税の課税事業者や免税事業者、売り手や買い手など、それぞれの立場で注目すべきポイントがあります。特に売り手の立場では、インボイス発行事業者になる場合、インボイスの交付と保存に関する義務があるため、準備が大切です。一方、買い手の立場では、適切に保存することが必要になります。

Q：鉄道やバスを利用した場合のインボイスの保存は？

A：公共交通機関（鉄道、バス、船舶）の運賃については、3万円未満であれば、インボイス（請求書）を保存しなくても、一定の事項を記載した帳簿のみの保存で仕入れ税額控除が認められます。また、売り手側からインボイスの交付を受けることが困難な場合も、帳簿のみの保存で仕入れ税額控除が認められます。

Q：副業の取り扱いはどうなりますか？

A：副業内容が物品販売や業務請負などの場合は、雑所得や事業所得として扱われ、インボイスの発行が求められることがあります。しかし、個人がメルカリなどで販売する場合には、消費税は不課税のため、インボイスの発行は求められません。また、副業の所得が給

与として支払われる場合は、給与には消費税がかからないため、影響は無いと言えるでしょう。

Q：買い手側が注意することは？

A：インボイス制度施行後、適格請求書発行事業者以外からの課税仕入や、登録事業者からの課税仕入でも、要件を満たしたインボイスを受領・保存していない場合は、消費税の仕入税額控除の適用を受けられなくなります。したがって、支払先が適格請求書発行事業者か、交付されたインボイスが要件を満たしているかの確認が、必要になります。

Q：インボイス制度とインボイスの違いは？

A：インボイスとは「請求書」を意味しますが、インボイス制度におけるインボイスは、国が認めた特定の条件を満たす請求書（適格請求書）を指します。また、輸出入で語られるインボイスとも、呼び方も一緒ですが、用途や書式がまったく異なります。「インボイス」で検索しても、輸出入のインボイスもインボイス制度のインボイスも、どちらの情報も検索結果に出て、分かりにくいので注意が必要です。

Q：簡易課税制度を選択していますが影響はありますか？

A：簡易課税制度とは、消費税の計算を簡素化できる制度です。簡易課税制度を利用すると、仕入れにかかる消費税を計算する際に、インボイス（請求書）を保存する必要はありません。そのため、従来通りの方法で消費税を計算し、帳簿や保存方法を変更する必要はありません。

Q：事務所の家賃を口座振替で支払っている場合は？

A：取引するごとに、請求書や契約書が発行されない場合でも、原則としてインボイスの保存が必要とされます。仕入税額控除を適用するためには、インボイスに記載された情報の一部が含まれた不動産賃貸契約書と、通帳や銀行から発行された振込金受取書を保存することが要件となります。または、貸主から賃借料に関するインボイスを受け取り、それを保存することでも対応可能です。

インボイス制度　参考資料リンク集

●国税庁｜適格請求書発行事業者の登録申請手続きの案内ページ

https://www.nta.go.jp/taxes/tetsuzuki/shinsei/
annai/hojin/annai/invoice_01.htm
このページでは、適格請求書を発行する事業者として登録するために必要な手続きについて案内しています。申請書のフォーマットをダウンロードして、郵送や税務署への持参による申請が可能です。

●国税庁｜消費税兼減税率制度の手引き

https://www.nta.go.jp/taxes/shiraberu/
zeimokubetsu/shohi/keigenzeiritsu/01-1.htm
こちらは、国税庁のウェブサイト上で公開されているPDF形式の資料集です。

●国税庁｜インボイス制度に関するQ＆A

https://www.nta.go.jp/taxes/shiraberu/zeimokubetsu/shohi/
keigenzeiritsu/qa_invoice_mokuji.htm
国税庁のウェブサイトには、インボイス制度に関する具体的なQ&Aが80以上も掲載されている資料集のPDFが公開されています。この資料は、実務に即した事例がQ&A形式で示されており、自社に合わせたインボイス制度の導入を検討する際に役立つ参考資料となります。

●総務省｜改正消費税法の条文

https://elaws.e-gov.go.jp/document?lawid
=363AC0000000108_20231001_428
AC0000000015
このページは、総務省が提供する日本の法律を検索・閲覧できるシステムの中で消費税法のページです。

あ行

インボイス（＝適格請求書）

売り手から買い手へ発行される商品や
サービスの販売に関する取引の証拠書
類。

インボイス制度

複数税率に対応した消費税の仕入税額
控除の方式。正式名称は、適格請求書等
保存方式。

インボイス番号（＝登録番号）

請求書に一意に割り振られる識別番号。
インボイス制度では、インボイス番号に
よって請求書を追跡・管理することが可
能。

内税方式

税込み価格で商品やサービスが販売さ
れる税制のこと。

延滞金

支払い期限を過ぎて未払いのままの金
額に対して課される金額。

か行

課税期間

課税期間とは消費税の納付の計算期間
を指し、個人事業者は暦年（1月1日か
ら12月31日）、法人の場合には事業年
度が課税期間となる。

仮払い消費税

仕入れにかかる消費税額のことであり、
仕入れた商品やサービスに対して支払
われた消費税額を指す。

簡易課税

簡易課税制度は、小規模事業者向けの特

例的な消費税計算方法。受け取った消費
税額から支払った消費税額を差し引く代
わりに、業種ごとの一定の割合で消費税
を納付することができる。

原則課税

原則課税とは、実際に売上に伴って預
かった消費税から、仕入れや経費等に
伴って支払った消費税を差し引いた残
額を納付する方法。原則課税は、一般課
税、本則課税とも表現される。

規制緩和

政府が市場参入や業務運営に関する規
制を緩和すること。インボイス制度は規
制緩和の一環として導入される。

区分記載請求書

インボイス制度導入後に主流となる消
費税額が明確に記載された請求書。

軽減税率

消費税法において、特定の商品やサービ
スに適用される低い税率のこと。

さ行

仕入

商品やサービスを他社から購入する行
為。

仕入税額控除

企業が商品を仕入れる際に支払った消
費税額を、売上の消費税額から差し引い
て納税額を計算する制度。

締め日

請求書の発行や支払いを行う期限。

消費税

販売される商品や提供されるサービス

関連用語集

179

に対して課される税金。

消費者保護
消費者の権利や利益を守るための法律や規制。

スタンプ税
文書や証書に対して課される税金で、一部の国で適用される。

税務署
税務に関する法令の執行や税収の徴収を行う国の機関。

税率
税金の割合。

た行

タイムスタンプ
データやドキュメントに付与される、作成や更新の日時情報。

適格請求書（＝インボイス）
インボイス制度において、消費税額控除の対象となる請求書。

適格請求書発行事業者
適格請求書を発行できる事業者。

な行

納税義務者
消費税などの税金を納付する義務を負う事業者や個人を指す。

納税期限
税金を納付すべき期限。

納品書
商品の納品に関する詳細情報を記載した書類。

ノータックス
課税対象外の商品やサービスのこと。

ノーティフィケーション
インボイスや請求書の送付、支払いの通知など、取引に関する情報の伝達のこと。

ノーリターン
返品や返金が認められない商品やサービス。

ノーレート
税率が0％となっている商品やサービス。

は行

ハードコピー
紙やフィルムなどの物理的なメディアに情報を複製したもの。

ハイブリッド型インボイス
紙ベースの請求書と電子請求書を併用する方式。

ハンドルネーム
オンライン上での通称やニックネーム。

ま行

マージン
商品やサービスの売価と仕入れ価格の差額。

マイナンバー制度
個人を識別するための12桁の個人番号制度。

マネタイズ
商品やサービスを収益化すること。

ミスマッチ

インボイスや請求書の内容に誤りや不一致があること。

ムーブメント

取引の発生から完了までの一連の動きやプロセスを指す。

メールオーダー

商品やサービスを郵便やインターネットを通じて購入する方法。

メモリアル

取引の記録や証拠となる書類。

モバイル決済

携帯電話やスマートフォンを使った決済方法。

ら行

ラインアイテム

請求書やインボイスに記載される商品やサービスの一覧のこと。

リテール

小売業のことを指す。

領収書

金銭を支払ったという事実を証明するための証憑書類。

リバースチャージ

輸入業者が輸入税の支払いを一時的に免除され、その後正確な額を申告・納付する仕組み。

ローリング・フォワード

納期を延期すること。

あとがき

　本書をお読みいただき、誠にありがとうございます。本書では、インボイス制度についてお悩みの事業者が、早めに対策を講じて備えることができるよう、基礎知識から始めて、対応準備や問題点、対策について詳しく解説しました。

　インボイス制度の導入は、個人事業主や中小企業、大企業にも影響を与える新しい制度であり、個人事業主には特に大きな影響があります。2023年10月の導入に向けて、準備を進めることが重要であり、制度が複雑で理解するのが難しいため、情報収集をしっかりと行い対応する必要があります。

　インボイス制度は、消費税の納税に関する不正やミスを防ぐために導入された制度であり、事業者にとっては仕入税額控除の算出を容易にするというメリットがあります。

　しかし、インボイス制度導入後には経理だけでなく、会社全体に影響を与える可能性があり、業務負荷や経営圧迫の懸念が指摘され、廃止や延期の要望もあがっています。

　このような状況の中、政府や業界団体は、インボイス制度の負担を軽減するための施策を検討しています。政府や企業が積極的に対応して、スムーズな納税環境を整備することが、日本経済の発展につながることを期待しています。

　本書では、インボイス制度のメリットや問題点について、実際の事例を交えて分かりやすく説明しています。また、インボイス制度の負担を軽減するための対策についても解説しており、企業の方々にとって有益な情報を提供することができたと考えています。消費税の仕入税額控除の方式が大きく変わるインボイス制度には、様々な立場の事業者にとっ

てポイントがあります。そのため、事前の準備が必要不可欠です。

　インボイス制度に対応するための準備は、消費税の課税事業者や免税事業者、売り手や買い手など取引の立場によって異なります。多くの事業者は両方の立場にあるために、準備が必要です。事前に必要な準備と、制度開始後の運用について、取引ごとに整理する必要があります。

　今後も、インボイス制度に関する情報を追跡し、最新の状況については、公式サイトなどで随時更新していきます。

　本書を通じて、インボイス制度の基礎知識や対応方法について理解し、ビジネスの効率性や信頼性を高めることができることを願っています。現在、インボイス制度への対応が急務となっていますが、本書を参考に、スムーズな対応を行っていただければ幸いです。また、本書がインボイスの作成や管理に悩む、特にインボイス制度の影響が大きいとされる個人事業主やフリーランスの方々の手助けになることを願います。

　最後に、本書を執筆するにあたり、多大なるご支援、ご協力をいただいた関係者の皆様に心より感謝申し上げます。そして、なにより本書を手に取っていただいた皆様にも心から感謝申し上げます。

　現在、世界は大きな変化の渦中にあります。ビジネスを取り巻く環境の変化が激しい中、本書が皆様の、ビジネス成長の一助となることができますように、心よりお祈り申し上げます。

お ざわたかひろ
小澤隆博

索引

索
引

●著者紹介

小澤 隆博　Ozawa Takahiro

Bewish Co., Ltd. 代表取締役
Reiwa Marketing Solutions Co., Ltd. 代表取締役

　リアルサロンチェーン11店舗の会社とWebマーケティングを主とするIT会社を経営する起業家。リアル店舗とWebの融合を得意とし、経営コンサルタントとして、利益向上のノウハウをコンテンツ化し、興味ある方々に教えている。

　今話題のNFT、DAO、暗号資産、メタバース、DeFiなど、Web3系の近未来ビジネスについて学び、稼ぐことを目指すグループ「Web3総合ビジネスサロン」なども主宰。

　高校生のとき、司馬遼太郎の『竜馬がゆく』を読み、田舎の次男坊に生まれた冴えない子どもが激動の時代に維新回天の立役者にまで上りつめるまでを描いた壮大なストーリー を自分と重ね、自分にも大きなことができると夢想し、「社長になりたい」という強い意志を持つ。15歳のときから成功哲学を学び、成功者の研究を行い、自己の能力開発に現在まで3,000万円以上を投資し、成功と幸せの原理原則やビジネスオーナーとしての考え方を学ぶ。

　外資系企業の海外勤務中のアメリカで、サロンビジネスに出会い、帰国後27歳で起業、30歳でFIREを達成する。

　リアル店舗経営には珍しく、会社創立以来、20期連続で無借金・黒字経営を達成し、目標を達成し続けている。

　経営はすべてシステム化し、安定的な収益でストレスフリーな毎日を送っている。2005年からは起業家支援育成と理美容室・イタリア料理店・居酒屋・パン屋・ラーメン屋・エステサロン・小売店・ネイルサロン・不動産会社などの店舗開発、黒字化指導に携わる。

　机上の空論ではない実践ベースに基づいた、独自に開発したプログラムを使い、「お店の利益を月100万円アップさせる」店舗黒字化コンサルティングを得意とし、28業種の経営者381人を店舗開発からWebマーケティングまでを指導し、利益向上率平均2.3倍の実績で、短期間で圧倒的な成果を出すのが特徴。

　「幸せで自由な経営者」を増やすべく、主催の「商売繁盛実践塾」はビジネススクールで400人、講演会で1,000人以上の受講者が全国から訪れている。数少ない自ら実店舗経営する「実践型コンサルタント」として、自分自身の成功ノウハウを教えながら、生徒にも起業・独立を果たさせるセミナー講師として、その指導力と講演会の楽しさには定評がある。

　手掛ける事業は、理美容室の経営・FCチェーン事業・店舗コンサルティング事業・Webマーケティング事業・起業支援育成コンサルタント・輸入販売の貿易事業・国内転売事業・サイトM＆A事業・セミナー事業・不動産事業と多岐にわたる。

　現在は、若者の貧困・ワーキングプア・老後破産等の社会問題解決に取り組む社会起業家としても活躍している。

　著書に、
『OODAがよくわかる本』（秀和システム）
『NFT実践講座』（秀和システム）
『DAOの衝撃』（明日香出版社）
『30分でよくわかる！Web3の稼ぎ方！』（彩流社）
『なにがあっても潰れない 店舗経営の最強スキル2.0』（ごま書房新社）
等がある。

★小澤隆博オフィシャルサイト★
https://bewish.xyz/

★小澤隆博公式LINE★
こちらより無料でご質問等を頂くこともできますので、
お気軽にご連絡ください！
https://lin.ee/ypZzfjw　（または ID: @vak4621r より LINE検索）

うまく LINE に連絡できない場合は、こちらのメールアドレスへご連絡ください。
bewish038@gmail.com

図解ポケット

**個人事業主/フリーランスのための
インボイス制度の基本がよくわかる本**

| 発行日 | 2023年7月10日 | 第1版第1刷 |

| 著 者 | 小澤 隆博 |

| 発行者 | 斉藤 和邦 |
| 発行所 | 株式会社 秀和システム |

〒135-0016
東京都江東区東陽2-4-2 新宮ビル2F
Tel 03-6264-3105（販売）Fax 03-6264-3094

| 印刷所 | 三松堂印刷株式会社 |

©2023 Takahiro Ozawa　　　　　　Printed in Japan

ISBN978-4-7980-7011-7 C0034